LIBRO COCINA PARA CAMPING

2 LIBROS INCREÍBLES SOBRE CÓMO Y QUÉ COCINAR EN EL CAMPING PARA DEJAR A TODOS CON LA BOCA ABIERTA

Rodrigo Hernandez, Fernando Lopez

Sommario

LIBRO DE COCINA PARA CAMPING EN 2021

50 recetas y técnicas

Rodrigo Hernandez

C AMPFIRE MAÍZ EN LA MAZORCA

- 1 bolsa de mazorcas de maíz congeladas

- Manteca
- Sal pimienta

- Toni (condimento criollo)
- Papel de aluminio

Corta papel de aluminio para que quepa alrededor de cada mazorca de maíz. Coloque una pizca de mantequilla, sal y pimienta y condimento en la mazorca de maíz congelada y envuélvala, girando los extremos (para que parezca casi envolturas de caramelo). Haga esto con cada oído individualmente. Coloque sobre la parrilla o al fuego (si no está encendido) y / o sobre piedras calientes. No vas a creer lo fácil y bueno que esto y va genial con todo .. ¡¡¡Feliz camping !!!

FONDUE DE CAMPFIRE

- 2 c Cheddar rallado o queso suizo

- 2 cucharadas de harina para todo uso
- 1/4 cucharadita de pimentón
- 1 lata de crema de apio
- 1/2 taza de cerveza o vino blanco o agua

Combina sopa y cerveza. Calentar en un hervidor a fuego lento. Mezcle el queso, la harina y el

pimentón. Agregue a la tetera, revolviendo hasta que
el queso se derrita por completo. Sirva con cubitos de
pan francés.

PATATAS FRITAS CAMPFIRE

- 4 papas, cortadas en tiras
- 1 T. de queso parmesano
- 1 cucharada de margarina
- T. trozos de tocino

Coloque cada papa rebanada en un cuadrado de papel de aluminio resistente. Espolvorea con sal, pimienta y queso. Mezcle para cubrir. Salpique con margarina y espolvoree con trocitos de tocino. Selle el papel de aluminio, dejando un respiradero de vapor en la parte superior. Ase a las brasas durante 30 a 45 minutos, dándoles vuelta 2 o 3 veces.

CAMPFIRE GRUB

Esta comida tiene un aroma muy agradable, por lo que debe prepararse sobre una fogata abierta con un trípode y una tetera. También se puede preparar en una estufa con una cacerola.

- 3/4 libra de carne molida cocida

- 3/4 libra de salchicha de cerdo molida cocida 1/8 taza de brócoli picado 1/8 taza de cebolla picada
- 1/8 taza de pimiento verde picado 1/8 taza de apio picado
- 1/8 taza de champiñones picados

- 1/2 taza de tomate picado
- 1/2 taza de salsa de tomate
- 1 cucharada de mostaza
- 1 cucharada de salsa para bistec (A-1 o equivalente)

Mezcle todo y cocine lentamente hasta que las verduras estén tiernas. La mezcla se puede comer sola o con una cuchara sobre arroz cocido, fideos cocidos o incluso papas en rodajas cocidas. También se debe servir algún tipo de pan como acompañamiento.

CAMPFIRE HOBOS

- 1 libra. Hamburguesa
- Cebolla
- Zanahorias
- Condimentos
- Patatas en cubos
- Manteca

Rocíe papel de aluminio con spray antiadherente y luego coloque los ingredientes encima en cualquier orden. Corta la cebolla en cuartos para que se puedan quitar antes de comer si no te gustan las cebollas cocidas. Envuelva el papel de aluminio, tírelo al fuego de campamento y cocine hasta que las papas estén tiernas.

CACAO CALIENTE CAMPFIRE

- 8 Qts de Leche en Polvo de Clavel

- Nestlé Quick de 16 oz
- Nestlé Quick de 6 oz
- 1 taza de azúcar en polvo

Combine todos los ingredientes, guárdelos en un recipiente sellado. Para hacer chocolate caliente: agregue 5 cucharaditas de mezcla a 8 onzas de agua caliente.

SANDWICHES CALIENTES CAMPFIRE

- Paquetes de panecillos pequeños o 2 docenas de panecillos káiser

- 1 1/2 libras jamón deli afeitado
- 1/2 bloque de queso Velveeta rallado
- 6-8 huevos duros cortados en cubitos
- 2-3 cucharadas mayonesa

Combine todos los ingredientes y rellene los panecillos. Envuelva cada sándwich en papel de aluminio individualmente y caliéntelo sobre una fogata durante unos 15 minutos.

Esto es un excelente refrigerio en una fogata a altas horas de la noche o un desayuno fácil. Los preparo en casa y luego los empaco en bolsas con cierre hermético en la hielera.

PERROS CALIENTES DE CAMPFIRE

Esta receta es para 2 salchichas. Aumente los ingredientes según sea necesario durante más de 2.

- 3 cucharadas de pimiento verde picado

- 2 cucharadas de cebolla verde picada
- 2 cucharadas de champiñones frescos picados
- 1 cucharada de apio picado
- 1 cucharada de pimiento picante picado
- Aderezo de ensalada italiano picante
- 2 Perritos calientes de carne de un pie de largo
- 2 bollos de perrito caliente de un pie de largo
- Queso desmenuzado CoJack

Coloque una sartén pesada sobre brasas (o estufa de campamento) y deje que se caliente. Ponga todas las verduras excepto los pimientos picantes en la sartén. Vierta suficiente aderezo para ensaladas para cubrir las verduras. Saltee las verduras hasta que estén tiernas. Mueva las verduras a un lado y coloque las salchichas y los bollos en la sartén para calentarlos. Una vez que todo esté caliente, coloque el hot dog en un panecillo y divida las verduras de manera uniforme entre los dos perros. Ponga encima los pimientos picantes y espolvoree con queso.

Sirva a los perros
con patatas fritas
en rodajas o

patatas
fritas. ¡DISFRUTA
R!

CAMPFIRE KABOBS

- 4 latas de trozos de piña

- 2 latas de sopa de tomate condensada
- 1/2 taza de aceite de oliva
- 2 cucharadas de chile en polvo
- 2 libras de mortadela, doblada en cuartos
- 2 pimientos verdes, cortados en cuadrados de 1 pulgada
- 1 paquete de bollos de salchicha, partidos
- 8 brochetas grandes de madera

Escurre la piña. Reserva 1/2 taza de jugo. En una olla mediana, combine la sopa, el jugo de piña reservado, el aceite de oliva y el chile en polvo.

Caliente, revolviendo ocasionalmente. En brochetas, coloque alternativamente mortadela, pimiento verde y piña. Ase a la parrilla 4 pulgadas por encima de las brasas. Unte con salsa. Cocine durante 8 minutos o hasta que esté caliente, untando con salsa con frecuencia. Sirva en bollos con la salsa restante.

PAN DE MONO CAMPFIRE

- 4 latas de galletas

- 1 taza de azucar
- 1 taza de azúcar morena
- 4 cucharadas canela
- 1 barra de margarina

Corta las galletas en cuartos. Mezcle el azúcar y la canela en una bolsa de plástico. Coloque las galletas en la bolsa y cúbralas bien. Coloque en un horno holandés.

Derretir la margarina y verter sobre las galletas; espolvorear con azúcar morena. Hornee a fuego medio de 20 a 25 minutos.

CAMPFIRE MELOCOTÓN SHORTCAKE

- 2 cucharadas de miel

- 1 cucharada de mantequilla derretida
- 1/4 cucharadita de canela
- 2 plátanos maduros medianos
- 2 melocotones maduros medianos
- 1/2 de bizcocho congelado de 11 oz , descongelado y cortado en rodajas de 3/4 de pulgada
- 1/2 de 8 oz Coolwhip , descongelado
- 1/4 cucharadita de canela
- Pizca de nuez moscada

Revuelva la miel, la mantequilla derretida y 1/4 cucharadita de canela en un recipiente pequeño; cubierta y transporte. Corte los plátanos y los melocotones en trozos pequeños. Coloque en una bandeja para hornear de aluminio y agregue la mezcla de miel. Mezcle para cubrir. Cocine sobre una fogata o en una rejilla de parrilla descubierta a fuego medio durante 8-10 minutos, revolviendo con frecuencia. Coloque la fruta tibia sobre el bizcocho. Revuelva los últimos tres ingredientes y vierta encima. 5 porciones

LOMO DE CERDO CAMPFIRE

- 1 lomo de cerdo asado (se pueden sustituir las pechugas de pollo deshuesadas)
- 5 papas rojas pequeñas
- zanahorias
- 1 cebolla mediana (dulce si es posible)
- calabacín
- tomate
- 1/4 libra. de judías verdes frescas
- medias mazorcas de maíz (cobbettes) aceite de oliva
- Pimienta
- ajo
- Sal

Extienda 2 capas de papel de aluminio resistente una al lado de la otra, con el medio superpuesto. Rocíe aceite de oliva sobre papel de aluminio. Coloque el lomo en el centro (a lo largo) del papel de aluminio. Corte las papas en rodajas de 1/4 de pulgada y colóquelas sobre y alrededor de la carne. Corte otras verduras en trozos grandes y colóquelas sobre y alrededor de la carne. Espolvorea con sal de ajo y pimienta. Cubra la comida con otro trozo de papel de aluminio y doble la parte superior e inferior para sellar el paquete. Coloque sobre las brasas durante 60 a 90 minutos.

Como variación, omita el aceite de oliva, el ajo, la sal y la pimienta, y cubra la carne y las verduras con el aderezo italiano para ensaladas.

SALCHICHAS Y FRIJOLES CAMPFIRE

- 1 cebolla mediana, finamente rebanada
- 1 pimiento verde mediano, cortado en cuadrados de 1/2 pulgada
- 1 o 2 cucharadas de aceite vegetal
- 1 taza de 15 oz. lata de cerdo al horno y frijoles
- 1 taza de 15 oz. lata de frijoles de mantequilla, escurridos
- 1 lata pequeña de champiñones en rodajas, escurridos
- 5 oz. salchicha ahumada lista para comer 1/2 taza de salsa de tomate
- 1/4 taza de mostaza 2/3 taza de jarabe de arce
- 1 cucharadita de orégano
- clavos enteros
- pequeñas hojas de laurel

Calentar el aceite en una cacerola grande a fuego lento y sofreír suavemente las rodajas de cebolla y los cuadritos de pimiento hasta que la cebolla esté ligeramente transparente, unos 3 o 4 minutos. Agregue los frijoles horneados, los frijoles de mantequilla y los champiñones en rodajas y revuelva bien. Corta la salchicha en trozos pequeños y agrégala a los frijoles, junto con el ketchup, la mostaza, el sirope de arce, el orégano, el clavo y las hojas de laurel. Cocine los frijoles,

44

revolviendo ocasionalmente, hasta que todos los ingredientes estén bien calientes. Sirve de inmediato. Rinde 4 porciones.

ESCONAS DE CAMPFIRE

- 1 c. harina
- 1/2 cucharadita Levadura en polvo
- 1 cucharadita colmada azúcar
- gran pizca de sal
- 1 cucharadita pasas (opcional)
- 1 cucharadita leche en polvo
- cucharadita margarina
- 1 o 2 huevos
- agua

Mezcle los ingredientes secos. Agregue la margarina, mezclando con los dedos hasta obtener una consistencia de harina de maíz gruesa. Batir los huevos y agregar. Luego agregue suficiente agua para hacer una masa suave. Amasar en un plato enharinado lo suficiente para formar un círculo redondo agradable, de aproximadamente 1/4 "a 1/2" de espesor. Si tienes un huevo extra, bátelo y úntelo con un pincel sobre la masa. Espolvorea un poco de azúcar por encima. Luego corte la masa en seis u ocho gajos. Si hornea sobre una fogata, coloque las cuñas en una sartén de teflón ligeramente enharinada, cúbralas con papel de aluminio o una placa de metal, colóquelas en un suelo despejado y rodee con carbón. Cuando estén dorados, de 10 a 15 minutos, estarán listos. Si usa un horno de campamento, use una sartén de teflón con tapa o una bandeja para hornear pequeña que pueda cubrirse. Mismo tiempo. Sirve con miel o mermelada.

Variaciones: Sustituya la leche en polvo por suero de leche, masa madre o incluso crema espesa. Agregue queso cheddar en rodajas finas al gusto. Agregue otras frutas secas, ligeramente rehidratadas. Las fresas y los arándanos son excelentes. Sustituye la mitad de la harina por avena instantánea. Condimente con anís, eneldo o canela. Si tiene puré de papas , utilícelo para la mitad de la harina.

CAMPFIRE SLOPPY JOES

- 8 puntas de tocino (cortado)
- 1 libra. Carne molida
- Cebolla mediana (cortada)
- Lata pequeña de pasta o puré de tomate
- Lata de sopa de tomate
- Lata pequeña de papas (cortadas) - opcional
- Pimiento morrón (limpio y cortado)

Dore el tocino en una lata n. ° 10 (asegúrese de que no tenga una capa de plástico en el interior) o en una sartén de hierro fundido sobre brasas; drene la grasa. Agregue las cebollas y dore. Agregue la carne molida (en trozos pequeños) y dore. Vierta la lata de sopa y la lata de pasta de tomate. Agregue las papas (si las incluye) y el pimiento morrón. Después de que todos los ingredientes estén cocidos, coloque la lata o una sartén en el borde del fuego para que hierva a fuego lento. Revuelva según sea necesario para evitar que los ingredientes se peguen al fondo de la lata o sartén. ¡Cuanto más se cocine, mejor se pondrá! Sirva sobre galletas saladas o pan, panecillos para hamburguesas, etc. Rinde para 8 personas.

52

ARROZ ESPAÑOL CAMPFIRE

Esta receta es mejor cuando se cocina en una fogata (no se obtiene el mismo sabor en una parrilla o en una estufa). Lo que necesitará para 2 a 4 personas:

- 1 cebolla grande
- mantequilla o aceite
- 1 libra de filete de hamburguesa
- latas grandes de tomates picados
- arroz (suficiente para todos)
- sal y pimienta

Pica la cebolla y ponla en una cazuela grande con mantequilla o aceite sobre una bonita fogata. Una vez que las cebollas estén a la mitad, agregue el filete de hamburguesa y cocine hasta que esté un poco rosada. Agregue las latas de tomates con una lata de agua y deje hervir. Agregue el arroz, sal y pimienta y deje hervir a fuego lento hasta que el arroz esté cocido. Revuelva con frecuencia para que la comida no se pegue. ¡Esta receta es muy fácil y realmente buena!

BOLILLOS PEGAJOSOS CAMPFIRE

- 5 cucharadas de margarinas
- 1/3 taza de azúcar morena
- Cucharadas de jarabe de maíz
- Mitades de nuez
- 2 paquetes de 8 onzas de galletas (refrigeradas)
Canela
- Azúcar

Combine 3 cucharadas de margarina, azúcar morena y almíbar en un molde para pastel. Calentar hasta que hierva sobre brasas. Espolvorea con nueces. Derretir el resto de la margarina. Sumerja un lado de cada galleta en margarina. Ponga papel encerado, con la mantequilla hacia arriba. Espolvorear con canela y azúcar. Pon 2 galletas juntas. Disponer sobre la mezcla de almíbar. Cubra con el segundo molde para pastel. Selle las bandejas con doble tira de papel de aluminio. Cocine a las brasas durante 15 minutos por cada lado.

CAMPFIRE VEGGIE SUBS

Lo mejor de esta receta es que puedes usar casi cualquier ingrediente que te guste (incluida la carne).

- hogazas de pan francés pequeñas
- gorras portabella bebé
- pimiento verde en rodajas
- cebolla en rodajas
- tomate en rodajas
- 1 lata de corazones de alcachofa
- queso provolone
- margarina o aceite de oliva
- aderezo o adobo favorito para ensaladas (nos gusta el adobo de verduras asadas del Chef Emeril o la vinagreta de tomate secado al sol)

Corta el pan en rodajas por un lado largo. Saque parte del interior del pan para dejar espacio adicional para las verduras. Unte margarina en ambas mitades del pan. Coloque capas de portabellas en la parte inferior del sándwich y rocíe con la marinada vegetal. A continuación, coloque una capa en los corazones de alcachofa (aplánelos un poco a medida que avanza). Agrega una capa de pimiento verde y otra de cebolla. Rocíe con la marinada de verduras. Cubra con rodajas de tomate, rocíe nuevamente con la marinada. ¡Cubra con provolone, luego intente cerrar la tapa del sándwich! (¡¡No será fácil, pero es posible !!). Envuelva todo el sándwich con fuerza en papel de aluminio y colóquelo en las brasas de su fogata y cocínelo hasta que el queso se derrita y el pan tenga una agradable corteza exterior crujiente. ¡La limpieza es extremadamente fácil y puede rellenarlos con ingredientes que a los niños también les encantarán!

CAJA DE CARTÓN HORNO PASTEL DE QUESO

- 2 paquetes (8 oz) de queso crema (temperatura ambiente)

- 1/2 taza de azucar
- 1 cucharadita de vainilla
- 1 yema de huevo
- 2 latas de bollos de media luna
- 1 clara de huevo

Mezcle los primeros 4 ingredientes. Abra 1 lata de rollos de media luna. Pellizque las costuras y use un rodillo para extenderlas en una bandeja para hornear galletas. Coloque el relleno sobre la corteza del rollo de media luna, dejando 1/2 pulgada en los bordes. Abra la segunda lata de rollos de media luna y pellizque las costuras. Extienda sobre la mesa, del mismo tamaño que la bandeja para hornear. Colóquese sobre el relleno. Use un tenedor para sellar los bordes. Batir los huevos hasta que estén espumosos. Cepille en la parte superior. Hornee en horno de caja de cartón durante 30 minutos a 350 grados.

TOSTADA FRANCESA DE QUESO

- 1 hogaza de pan blanco sin rebanar
- 1/3 c. Leche
- 1 paquete (3 oz) queso crema, ablandado
- 2 cucharaditas azúcar
- 4 rebanadas de queso cheddar
- 1/4 cucharadita sal
- 3 huevos

Corta 8 rebanadas de pan de una pulgada; reserve el pan restante para otro uso. Unte el queso crema en un lado de las rebanadas de pan. Coloque las rebanadas de queso cheddar en 4 rebanadas de pan y cubra con las 4 rebanadas restantes; colocando los lados del queso juntos. Batir los huevos, la leche, el azúcar y la sal en un plato llano; sumerja ambos lados de cada sándwich. Cocine en una sartén grande engrasada sobre una fogata o estufa hasta que el pan esté dorado por ambos lados. Para 4 personas.

PAQUETES DE BISTEC DE QUESO

- 4 hojas (12 x 18 pulgadas cada una) de papel de aluminio
- 1 taza de queso cheddar rallado
- 1 libra de solomillo de ternera deshuesado
- 1/2 pulgada de grosor
- 4 panecillos estilo sub o hoagie
- Sal y pimienta
- Salsa de tomate o bistec
- 2 cebollas medianas, en rodajas finas

Precaliente la parrilla a fuego medio-alto. Rocíe papel de aluminio con aceite en aerosol antiadherente. Corte el bistec a lo largo por la mitad y luego transversalmente en tiras de 1/8 de pulgada de grosor. Espolvoree las tiras de bistec con sal y pimienta; dejar de lado. Centre una cuarta parte de las cebollas en cada hoja de papel de aluminio. Cubra con tiras de carne y queso. Levanta los lados del papel de aluminio. Doble la parte superior y los extremos para sellar el paquete, dejando espacio para la circulación del calor en el interior. Repita para hacer cuatro paquetes. Ase de 8 a 10 minutos en una parrilla tapada. Sirva en bollos rebanados con queso adicional, si lo desea. Cubra con salsa de tomate o salsa para bistec. Cantidad de porciones: 4

TORTILLAS DE POLLO Y ARROZ CON QUESO

Esta es una receta para aquellos que viajan con mochila o acampan y solo tienen una estufa. No se necesita congelador / refrigeración.

- Arroz español Lipton (agregue agua y mantequilla)

- 1 lata pequeña de pollo blanco cocido
- Conchas de tortilla de harina
- queso cheddar fuerte (el queso cheddar fuerte en forma de ladrillo no necesita refrigeración, durará una semana!)
- exprima la mantequilla (la mantequilla exprimida no necesita refrigeración, durará 2 semanas!)

Cocine el arroz español como se indica en el paquete usando la mantequilla exprimible. Escurre el pollo y revuelve unos minutos antes de que el arroz esté listo. Caliente las tortillas. Corta un poco de queso cheddar fuerte. ¡Apile su mezcla de arroz y queso en una cáscara y disfrútelo!

DIABLOS QUESOS

- 4 rebanadas de pan

- 2 latas de jamón para untar
- 1 tomate, en rodajas finas
- 4 rebanadas de queso americano blanco

Unte cada rebanada con un poco de jamón para untar, cubra con algunos de los tomates y luego el queso. Envuelva sin apretar en papel de aluminio para que el queso no se toque. Coloque en la rejilla de la fogata durante 10-15 minutos.

REGALOS DE CHERRY FUDGE

- 1 caja de mezcla de brownie de dulce de azúcar

- 1 1/2 taza de coco rallado
- 1 1/2 taza de cerezas confitadas, picadas
- 2 cucharadas de aceite aromatizante de cereza
- 1 taza de nueces picadas, cantidad dividida
- Azúcar en polvo (para cubrir)
- Manteca (para engrasar el horno holandés)

Siga las instrucciones / receta de la mezcla de brownie en la caja. Agregue coco, nueces 3/4 C, aceite aromatizante y cerezas. ¡Mezcla bien! Vierta la masa en un horno holandés engrasado o en un molde para hornear tapado. Agregue carbones (5 arriba, 7 debajo). Hornear. Está listo cuando un cuchillo sale limpio. Cubra con las nueces restantes y espolvoree con el azúcar en polvo. Dejar enfriar. Cortar en cuadrados.

FAJITAS DE POLLO

- Lámina de 12 x 18 pulgadas
- 1 paquete (1 oz) de mezcla de condimentos para fajitas
- 1 libra de filetes de pollo
- salsa
- 1 pimiento morrón rojo o verde mediano, cortado en tiras
- tortillas de harina
- 1 cebolla pequeña, cortada en aros
- coberturas de fajita

Precaliente la parrilla a fuego medio-alto. Rocíe papel de aluminio con spray antiadherente. Centre un cuarto de los filetes de pollo en cada hoja de papel de aluminio; cubra con tiras de pimiento y cebolla. Espolvorea con la mezcla de condimentos para fajitas. Levanta los lados del papel de aluminio. Doble la parte superior y los extremos para sellar el paquete, dejando espacio para la circulación del calor en el interior. Repita para hacer cuatro paquetes. Ase de 8 a 10 minutos en una parrilla tapada. Revuelva el pollo y las verduras; cubra con salsa. Envuelva en tortillas calientes con sus aderezos de fajita favoritos. Cantidad de porciones: 4

POLLO EN LAta

- 1 pollo entero, sazonado como quieras

- 1 lata grande, como una lata de café grande
- 15 briquetas de carbón

Haga agujeros alrededor de la lata a 1 "del fondo
(aproximadamente a 1" de distancia). A continuación,
coloque el carbón en la lata y enciéndalo. Permitir que el

el carbón se convertirá en cenizas, luego coloque el pollo
(completamente envuelto en papel de aluminio y sazonado)
en la lata con las piernas hacia arriba. Está bien si el
las piernas sobresalen un poco. Deje cocinar durante 3
horas, no es necesario voltear ni tender). Después de
cocinar, desenvuelva el pollo y se
caerse del hueso. ¡Buen comer !

PALOMITAS DE POLLO

- 1 libra. tiras de pollo

- 10 jalepeños (lg.)
- 1 paquete tocino
- frustrar

Corta los jalepeños por la mitad. Limpio. Coloque 1 pollo tierno en la mitad del jalepeño . Envuelva con tocino. Prepare todo y colóquelo sobre papel de aluminio y envuélvalo. Cocine a la parrilla o parrilla durante unos 20 minutos.

QUESADILLAS DE POLLO

¡Estos son geniales antes de cenar con una cerveza fría! Cocine a la plancha sobre la estufa o en una sartén.

- pollo cocido, cortado y deshuesado

- cebollas verdes en rodajas
- pimiento verde y rojo cortado en cubitos
- jalapeños cortados en cubitos (opcional)
- queso Monterey Jack rallado
- queso cheddar rallado
- salsa
- tortillas de harina
- aceite de cocina
- crema agria

Caliente el aceite en una sartén o en una plancha. Coloque la tortilla de harina en la sartén. Agregue pollo, quesos, cebollas, pimientos, jalapeños y salsa en las cantidades que desee. Mire debajo del borde de la tortilla inferior y, cuando esté marrón, voltee la quesadilla con cuidado. Cuando el otro lado esté dorado, retirar, cortar en gajos y servir con crema agria.

POLLO STROGANOFF

- Paquete de fideos de 18 onzas
- 1 paquete de mezcla de sopa de cebolla
- 2 cucharadas de crema agria (hecha de mezcla seca)
- Lata de pollo de 6 onzas
- lata pequeña de champiñones en rodajas agua

Ponga agua a hervir. Agregue la mezcla de sopa de cebolla y revuelva hasta que se disuelva. Agregue los fideos y cocine y revuelva hasta que estén tiernos (8-10 minutos).

Escurra los fideos (trate de mantener la mayor cantidad de cebolla posible). Combine con crema agria, champiñones y pollo.

Sidra de clima frío

- 1 galón de sidra de manzana

- 1 o 2 manzanas grandes
- Gran puñado de pasas
- 1 o 2 latas de peras
- 1 o 2 latas de duraznos (o 2 o más latas de cóctel de frutas)
- Canela, una pizca o dos

Agregue la sidra a una olla grande y agregue el líquido de la fruta enlatada. Pica la fruta enlatada en trozos pequeños y agrégala a la sidra. Quite el corazón de la manzana y córtela en trozos muy pequeños, del tamaño de unas pasas. Agregue la manzana picada y las pasas a la sidra. Agrega una pizca o dos de canela. Caliente un poco antes de hervir a fuego lento y suave. Cocine a fuego lento hasta que la fruta esté blanda, revolviendo ocasionalmente para evitar que se queme y se pegue. Use un cucharón para servir, agregando un poco de fruta a cada taza.

CHUCKWAGON KABOBS

- 1 paquete (16 oz) de salchichas, cortadas en tercios

- 1 paquete (16 oz) de salchichas ahumadas, cortadas en tercios
- 1 (30 oz) PKG congelado patatas fritas de carne

Enhebre todos los ingredientes alternativamente en las brochetas; envuélvalo sin apretar en papel de aluminio resistente, si lo desea. Grill, sin tapa de grill, sobre medio-alto

Caliente (350-400 grados) 3-4 minutos por cada lado.

CHULETAS DE CERDO CON MANZANA Y CANELA

- 1/2 taza de gelatina de manzana
- 1/2 cucharadita de canela en polvo
- 1/4 taza de mantequilla o margarina derretida
- 3 cocinar manzanas
- 2 cucharadas de jugo de limón
- 8 chuletas de cerdo
- 1 cucharadita de mostaza preparada

Prepare 4 piezas de papel de aluminio, cada una de 10 x 18 pulgadas. Pon los primeros 5 ingredientes en una cacerola pequeña, calienta y revuelve. Pelar y cortar las manzanas en rodajas. Unte ligeramente con mantequilla el centro de los trozos de papel de aluminio. Coloque las rodajas de una manzana en cada trozo de papel de aluminio. Rocíe una cucharadita de salsa de manzana y canela sobre cada manzana. Selle firmemente las bolsas de aluminio. Cocine las chuletas de cerdo a la parrilla caliente, rociándolas con el resto de la salsa de manzana y canela. Cocine durante 10 minutos y luego coloque los paquetes de manzanas envueltos en papel de aluminio en la parrilla. Cocine por otros 25 minutos, volteando y rociando con frecuencia. Evite perforar los paquetes de aluminio. Retírelo del calor. Sirve la salsa de manzana y canela sobre las chuletas de cerdo.

HELADO DE LATA DE CAFÉ

Materiales necesitados:

- 1 lata de café (1 libra) con tapa
- 1 lata de café (3 libras) con tapa

Ingredientes de helado:

- 1 pinta de 1/2 y $\frac{1}{2}$
- 1/2 taza de azucar
- 1 huevo (yo uso batidores de huevo en su lugar)
- 1 cucharadita de vainilla o 2 cucharadas de jarabe de chocolate o 1/4 taza de fresas

Agregue los ingredientes anteriores a la lata de café de 1 libra . Ponga la tapa en la lata de café y asegúrela con cinta adhesiva. Coloque la lata de café de 1 libra en la lata de café de 3 libras. Cubra con hielo picado y sal de roca y coloque la tapa sobre la lata de café de 3 libras . ¡Ahora empieza la diversión! Encuentra un compañero. Siéntese en el suelo y haga rodar la lata de café hacia adelante y hacia atrás, a una distancia de 3 a 4 pies. Enrolle durante 8 a 10 minutos. Verifique si el helado está duro. Si no es así, vuelva a colocar la tapa y agregue más hielo y sal de roca. Enrolle por otros 8 minutos. Sirva en tazones de buen tamaño. Sirve a 4 personas. Esto es realmente bueno helado y funciona cada vez ! Esta receta no se puede duplicar.

=

PAPÁ Y HUEVOS CON MAÍZ DE CARNE

- 1 lata de picadillo de carne en conserva

- 4 huevos

Ponga el hachís en una sartén y aplánelo para cubrir el fondo. Freír hasta que el fondo comience a dorarse, voltear. Hacer 4 hendiduras en picadillo, poner 1 huevo en cada depresión. Tape y cocine hasta que el huevo esté listo. Sazone con sal y pimienta si lo desea. Genial en esas mañanas frescas.

SKILLET DE ATÚN CRIOLLO

- 2 cucharadas de margarina
- 2 cucharadas de harina
- 1 cebolla mediana, picada
- 2 ts acampa mezcla de condimentos
- 1/2 pimiento verde mediano, picado
- 2 latas de atún grueso
- 1/2 taza de apio picado
- 1 1/2 taza de granos de maíz

Derretir la margarina en una sartén y sofreír la cebolla, el pimiento y el apio hasta que estén tiernos y crujientes. Agregue la harina y mezcle. Agregue otros ingredientes y caliente. Sirva con arroz y queso parmesano / romano rallado.

Bistecs en cubitos en salsa de champiñones

- 5 filetes en cubos
- lata familiar de crema de champiñones
- 1/2 taza de agua

Freír los filetes en cubos en una sartén o wok (yo uso mi estufa barata Coleman de un quemador). Retire los filetes en cubos y colóquelos sobre varias capas de toallas de papel para escurrir la grasa. Limpiar la sartén y volver a poner los filetes en la sartén con la crema de champiñones y 1/2 taza de agua. Revuelva la sopa con el agua y cubra. Deje hervir a fuego lento durante al menos 10 minutos a fuego lento (la carne se vuelve más tierna si cocina a fuego lento durante más tiempo). Se sirve sobre arroz o fideos de huevo.

GHBOYS

- 1/2 taza de harina
- 1 cucharadita de polvo de hornear
- 1 cucharadita de manteca
- Pizca de sal
- 1/4 taza de agua
- 1 perrito caliente

También puede usar 3/4 de taza de mezcla para galletas. Mezcle los ingredientes con manteca y luego agregue agua. Asegúrese de que la masa no esté demasiado

pegajoso. Ponga el perrito caliente en un palito verde y envuélvalo con masa. Cocine, sosteniendo a 6 pulgadas de las brasas, para que el interior se cocine ... y luego marrón más cerca de las brasas. Sirve uno.

DR. HABAS DE PIMIENTA

- Latas de 28 oz de cerdo y frijoles
- 2 pimientos morrones, limpios y picados
- 1 cebolla pequeña picada
- 2 tomates picados
- 1 taza de azúcar morena
- 1 cucharadita de clavo
- 1 16 oz. lata de piña triturada
- 1 libra de salchicha de verano en rodajas
- 1 lata Dr. Pepper

Combine los frijoles, las cebollas, los tomates, la salchicha, la piña y los pimientos en un horno holandés de 12 ". En un tazón, combine los ingredientes restantes. Revuelva hasta que el azúcar se disuelva. Vierta sobre los frijoles. Tape y cocine de 30 a 45 minutos.

TORTA DE VOLCADO

- Manteca
- (16 oz.) Latas de relleno de tarta de frutas (su elección)
- 1 caja de mezcla para pastel (tu elección)
- 1/2 C. Agua

Unte con mantequilla el interior y el fondo de la tapa de un horno holandés. Vierta el relleno de pastel en el horno holandés. "Volcar" en la mezcla para pastel. Distribuya uniformemente. Cubra con mantequilla. Vierta el agua encima. Coloque la tapa en el horno holandés. Coloque el horno holandés en las brasas. Coloca algunas brasas encima de la tapa. "Hornee" durante aproximadamente 30-45 minutos. Pruebe el pastel para ver si está cocido. Si es necesario, vuelva a colocar sobre las brasas, revisando cada 10-15 minutos.

POLLO Y PATATAS A LA BARBACOA AL HORNO HOLANDÉS

- 6-8 pechugas de pollo deshuesadas y sin piel
- 10 papas medianas, rebanadas
- 3-4 cebollas, en rodajas
- 1 botella de 18 oz de salsa barbacoa

Coloque la mitad de las papas en el fondo del horno holandés . Coloque una capa de cebolla encima de las papas. Repetir. Luego coloque las pechugas de pollo encima de las papas y cebollas. Cubra con las cebollas restantes. Vierta la salsa barbacoa sobre todos los ingredientes. Pon la tapa en el horno holandés . Coloque 12 briquetas encima del horno holandés y 12 debajo. Cocine durante aproximadamente 1 hora y media.

PAN DE CERVEZA AL HORNO HOLANDÉS

Cuando acampa en áreas remotas, una de las cosas que parece que se le acaba primero es el pan. Este es un pan de campamento fácil de hacer y es muy bueno. Esta receta funcionará en un horno holandés estilo Camp de 10 o 12 pulgadas . Si usa carbón comprado en la tienda, el recuento de carbón es de 15 carbones en la parte superior de la tapa, 8 carbones en la parte inferior para las 12 pulgadas.

- 3 tazas de harina con levadura
- 3 cucharadas de azúcar
- 1 cucharada de hojuelas de cebolla seca
- 1 cerveza de 12 oz ; Miller, Bud, ect . - sin cervezas oscuras

Mezclar todo el material seco. Vierta la cerveza; mezclar y colocar sobre la superficie de trabajo. Amasar un poco para formar una bola de masa. Aplanarlo y colocarlo en un horno holandés bien engrasado . Coloque el horno holandés en las brasas (1/3 de las brasas en la parte inferior - 2/3 de las brasas en la parte superior) y hornee de 15 a 25 minutos, comprobando después de los primeros 10 minutos más o menos. Cuando esté agradable y dorada en la parte superior, retire y golpee la parte inferior de la hogaza; si dice "THUNK", ¡está listo! (El tiempo de cocción, especialmente al hornear, varía mucho en la cocción con carbón).

PESCADO AL HORNO HOLANDÉS

- 2 libras filetes de pescado blanco
- 3 costillas de apio picadas
- 1/2 taza de cebollas picadas
- 1/4 taza de cebolla verde picada
- 1/2 libra. champiñones frescos, en rodajas
- 4 cucharadas de aceite de oliva, divididas
- 2 cucharadas de salsa Worcestershire
- 1 taza de vino blanco seco
- sal y pimienta para probar
- Salsa tabasco al gusto
- pimenton

Precalienta el horno holandés. Agrega 3 cucharadas de aceite de oliva. Saltee el apio, las cebollas, las cebolletas y los champiñones hasta que las verduras estén claras, revolviendo con frecuencia para evitar que se quemen. Retire las verduras del horno holandés. Coloque unos aros de cebolla en el fondo del horno holandés para que actúen como salvamanteles. Corte el pescado en trozos para servir y colóquelo uno al lado del otro en una sola capa en el horno holandés. Sazone con sal y pimienta y 2 o 3 gotas de Tabasco en cada pieza de pescado, luego vierta las verduras salteadas , esparciendo sobre el pescado. Combine el aceite de oliva restante y la salsa Worcestershire y vierta sobre el pescado. Agregue vino. Coloque la mayor parte de las brasas en la tapa y hornee de 10 a 12 minutos. Abrir el horno y espolvorear con pimentón. Coloque todas las brasas en la tapa y hornee aproximadamente de 5 a 8 minutos.

PAQUETE DE ALUMINIO GUISADO

- 2 libras de carne molida
- 2 cebollas grandes, cortadas en trozos
- 4 patatas, cortadas en trozos (¡tantas como quieras!)
- 1 libra de zanahorias pequeñas
- sal y pimienta

Corte trozos de papel de aluminio resistente para varios paquetes. Haga bolitas de carne molida y colóquelas en papel de aluminio.

Agregue las cebollas, papas, zanahorias y sal y pimienta. Envuelva bien los paquetes y colóquelos en una rejilla sobre el fuego.
Tardarán unos 30
minutos o más,
dependiendo del
fuego.

POLLO A LA BARBACOA DE ARCE A LA PLANCHA

- 3 cucharadas de sirope de arce

- 2 cucharadas de salsa de chile
- 1 cucharada de vinagre de sidra
- 1 cucharadita de mostaza de Dijon
- 1 libra de muslos de pollo deshuesados y sin piel

Prepara la barbacoa (fuego medio-alto). Revuelva el jarabe de arce, la salsa de chile, el vinagre y la mostaza en una cacerola pequeña hasta que esté bien mezclado. Rocíe el pollo con aceite en aerosol, sazone con sal y pimienta. Coloca el pollo en la barbacoa. Ase hasta que esté bien cocido, volteando ocasionalmente y untando generosamente con salsa, aproximadamente 1/2 hora.

SETAS PORTOBELLO A LA PLANCHA

- 4 hongos portobello
- 1/2 taza de pimiento rojo picado
- 1 diente de ajo picado
- 2 cucharadas de aceite de oliva
- 1/4 de cucharadita de cebolla en polvo
- 1 cucharadita de sal
- 1/2 cucharadita de pimienta negra molida

Precaliente una parrilla al aire libre a fuego medio y engrase ligeramente la rejilla. Limpiar los champiñones y quitarles los tallos. En un tazón grande, combine el pimiento rojo, el ajo, el aceite, la cebolla en polvo, la sal y la pimienta negra molida y mezcle bien. Unte la mezcla sobre los champiñones. Ase a fuego indirecto, o al lado de las brasas, durante 15 a 20 minutos.

AYUDANTE SIN HAMBURGUESA

- Una caja de ayudante de hamburguesas.

- Lata de frijoles (cualquier tipo)

Prepare como se indica, excepto que sustituya la carne
por frijoles. Esto hace una comida nutritiva baja en
grasas mientras acampa. No tiene que preocuparse por
que la carne se eche a perder, ¡y es una comida de una
sola olla! ¡A los niños también les encanta!

HASH CELESTIAL

- 2 c rece
- 4+ c de agua
- 1 paquete de mezcla de sopa de cebolla
- 1 lata de maíz en grano
- 1 lata de spam u otra carne enlatada

Ponga el arroz, la mezcla para sopa de cebolla y el agua en una cacerola (use un poco más de 4 tazas para compensar la mezcla para sopa). No agregue sal al agua; hay suficiente en la mezcla de sopa. Cuando el arroz comience a hervir, tapar y dejar hervir a fuego lento durante 15 minutos. Mientras el arroz hierve a fuego lento, corte el Spam. Una vez hecho el arroz, agregue el maíz y el Spam. Siéntase libre de agregar cualquier resto de comidas anteriores (por ejemplo, tocino, salchicha, guisantes, etc.).

ENVOLTURA DE PESCADO HILLBILLY

Estoy seguro de que casi todos tienen una versión de esta receta, pero me gusta mucho la forma en que el aderezo para ensaladas cocina las verduras al vapor y agrega mucho sabor a la mezcla. Lo más importante de esta receta es experimentar. Realmente no puedes equivocarte en este caso.

- pesca fresca del día
- 1 cebolla pequeña
- 2 patatas
- 2 zanahorias
- calabacín o calabaza (opcional) sal y pimienta
- aderezo para ensaladas

Destripa y escala tu pescado, pero de lo contrario déjalo entero. Envuelva el pescado, las verduras y las especias en una envoltura de papel de aluminio resistente. Coloque una cantidad generosa de aderezo para ensaladas sobre el pescado y las verduras. Lo mejor es el italiano, pero el rancho, la frambuesa o algún otro favorito también funcionarán: experimente. Cierre bien el papel de aluminio para mantener el vapor durante la cocción. Coloque en una parrilla a fuego medio o cerca de las brasas de una fogata. Cocine a fuego lento hasta que las patatas y las zanahorias estén cocidas a su gusto. La parte más difícil es juzgar el calor necesario para que las cosas no se quemen y terminen cociéndose. Recuerde que el aderezo para ensaladas cocinará al vapor las verduras. Porciones: 2.

MARINADA DE MOSTAZA DE MIEL PARA POLLO

- 1 taza de mostaza de Dijon
- 1 taza de vinagre de vino tinto
- 3/4 tazas de aceite de oliva
- 1/4 taza de miel
- 1 diente de ajo picado
- cucharadas de salsa de soja

Mezclar en una olla pequeña. Marina el pollo durante la noche en una hielera en bolsas con cierre hermético de dos galones. Asa el pollo sobre las brasas.

LOMO DE MOSTAZA

- filetes de solomillo de ternera
- 2 cucharadas de mostaza de Dijon
- 2 cucharadas de vinagre blanco
- 1 1/2 cucharadas de aceite de oliva
- 1 cucharada de jugo de piña
- 1 cucharada de estragón seco
- 1/4 cucharadita de pimienta negra

Mezcle mostaza, vinagre, aceite de oliva, jugo de piña, estragón y pimienta. Cocine a fuego lento en una cacerola hasta que esté uniformemente caliente. Manténgase caliente. Precaliente la parrilla. Golpee ligeramente los filetes con un mazo de cocina y espolvoree con sal y pimienta. Coloque en la parrilla y cocine unos 4 minutos por cada lado o hasta que esté listo. Retirar de la parrilla. Coloque aproximadamente 2 cucharadas de la mezcla de mostaza en un plato y coloque el filete sobre la salsa.

NO HACER COOKIES DE CAMPING

- 1/2 taza de mantequilla ablandada
- 2/3 taza de azúcar blanca
- cucharadas de cacao en polvo sin azúcar
- 1 cucharada de café fuerte
- 1/2 cucharadita de extracto de vainilla
- 1 3/4 tazas de copos de avena
- 1/3 taza de azúcar glass para decoración

Batir la mantequilla o margarina, el azúcar, el cacao, el café y la vainilla. Agrega la avena y mezcla bien. Enrolle en 36 bolas de aproximadamente 1 pulgada de diámetro. Sumerja las bolas en azúcar impalpable. Colocar sobre papel encerado.

TAZA DE NARANJA PAN DE JENGIBRE

- Seis o siete naranjas

- Tu mezcla de pan de jengibre favorita

Ahueca las naranjas desde la parte superior asegurándote de no hacer un agujero en la naranja (aparte de la parte superior). Llena la naranja

hasta la mitad con la masa de pan de jengibre. Envuelva la naranja en papel de aluminio sin apretar. Coloque las naranjas con papel de aluminio en el
brasas de la fogata y dejar cocer durante aproximadamente 12 minutos
aproximadamente. Pruébelos para ver si el pan de jengibre está listo. Si no,
volver a colocar en las brasas y cocinar unos minutos más. ¡Disfrutar!

SANDWICHES DE PIZZA

- Un pan
- Manteca
- 1 lata de salsa para pizza
- Pepperoni (en rodajas) - (o cualquier aderezo que le guste en sus pizzas)
- 1 paquete de queso para pizza rallado
- Frustrar

Corta una sección de papel de aluminio lo suficientemente grande como para envolver tu sándwich de pizza. Coloque el papel de aluminio con el lado opaco hacia arriba. Unte con mantequilla un lado de una rebanada de pan y colóquelo con la mantequilla hacia abajo. Unte la salsa para pizza sobre el pan. Agrega pepperoni (o lo que sea). Agrega queso para pizza. Unte con mantequilla un lado de otra rebanada de pan y colóquelo con la mantequilla hacia arriba en su sándwich de pizza. Envuelva su sándwich de pizza en el papel de aluminio y colóquelo sobre brasas durante aproximadamente 3-4 minutos por lado, dependiendo de qué tan calientes estén realmente las brasas. Desenvuelve y come. Recuerda que el interior estará caliente y podrías quemarte la boca. Te recomiendo que antes de comer, cortes el sándwich de pizza por la mitad.

SALCHICHA POLACA Y COL

- 2 cebollas lg
- 8 patatas
- 1 cabeza mediana de repollo
- 1 libra de salchicha polaca
- Sal y pimienta para probar

Corta las cebollas en rodajas y colócalas para cubrir el fondo del horno holandés . Cortar las patatas en rodajas, ponerlas encima de las cebollas y cubrirlas con agua y sal y pimienta al gusto. Cubra y coloque sobre las brasas hasta que el agua comience a hervir a fuego lento. Corta el repollo en gajos. Cuando el agua esté hirviendo, agregue las rodajas de repollo y la salchicha y vuelva a calentar. Cocine a fuego lento hasta que las papas estén tiernas y el repollo esté tierno.

CANTALOUPE CON PINCHO

- 1 melón
- 1/2 taza de miel de abeja
- 1/4 taza de mantequilla
- 1/3 taza de hojas de menta fresca picadas

Precalienta la parrilla a medio fuego. Ensarta los trozos de melón en 4 brochetas. En una cacerola pequeña, caliente la mantequilla o margarina con miel hasta que se derrita. Agrega la menta. Unte el melón con la mezcla de miel. Engrase ligeramente la rejilla. Coloque las brochetas en la parrilla caliente. Cocine de 4 a 6 minutos, volteando para cocinar por todos lados. Sirva con la salsa restante a un lado.

MEZCLA DE SOPA DE GUISANTES PARTIDOS

- 1 taza de guisantes partidos
- 1/4 cucharadita de nuez moscada
- 1 cucharada de hojuelas de cebolla
- 1/2 cucharadita de sal
- 1/2 cucharadita de ajo en polvo
- 1/2 cucharadita de pimienta negra
- 1/2 cucharadita de sal de apio

Antes de salir de casa o del campamento base, mezcle previamente todos los ingredientes y colóquelos en una bolsa de plástico resistente o en un recipiente bien sellado. Cuando esté listo para cocinar, agregue 3 tazas de agua a una olla pequeña y deje hervir. Agregue los ingredientes preenvasados y hierva de 30 a 45 minutos, dependiendo de su altura. Si eres carnívoro y tienes un par de tiras de tocino o cecina, córtalo en trozos pequeños y agrégalos a la olla. Revuelva de vez en cuando para evitar que se pegue al fondo. Sirva cuando esté bien y espeso. Sirve

TRAIL BROWNIES

- 1/2 taza de galletas Graham, trituradas
- 1 cucharada de leche en polvo
- 2 cucharadas de nueces picadas
- 2 onzas. chips de chocolate

En casa: empaque las galletas Graham y las nueces en una sola bolsita. En una bolsita separada, combine la leche y las papas fritas.

En el campamento: agregue 2 cucharadas de agua hirviendo a la mezcla de leche / chips y revuelva hasta que se derrita. Agregue rápidamente la mezcla de galletas y nueces y deje enfriar. ¡Apuesto a que no quedarán sobras! :)

PAVO ENTERO EN UN FUEGO ABIERTO

- 1 pavo entero (de cualquier tamaño, por lo general hago un ave de 10 libras)
- Papel de aluminio resistente
- dientes de ajo
- 1/2 taza de salsa de soja
- 1/4 taza de miel
- sal y pimienta
- manteca

Limpiar bien el ave, quitar la carne de órganos y el cuello del interior de la cavidad, lavar y reservar. Extienda papel de aluminio lo suficientemente largo como para cerrar alrededor del pájaro con unos centímetros adicionales. Extienda de 2 a 3 hojas del mismo largo y júntelas, una al lado de la otra (no a lo largo) . Sal y pimienta en el interior de la cavidad. Haga pequeños cortes en la piel del ave y coloque pequeñas cantidades de mantequilla debajo de la piel en varios lugares. Vierta salsa de soja y miel sobre el ave. Agregue el ajo, las vísceras y el cuello al paquete de papel de aluminio. Cierre y selle todos los lados (deje la parte superior suelta para que pueda abrir y rociar). Coloque en una parrilla de fogata baja y caliente sobre un fuego abierto. Solo de vez en cuando, aproximadamente cada hora hasta que esté listo. Nunca se secará, así que solo lo dejo durante horas ... ¡el pavo se cae del hueso! Para probar si está hecho ... córtelo en rodajas de pavo hasta el esternón, siempre que no esté rosado, está listo.

GUISADO DEL DESIERTO

- 1 lata de frijoles rojos
- 1 libra. carne magra molida
- papas medianas, cortadas en cubitos
- 1 pimiento verde grande, picado
- 1 cebolla grande picada
- sal al gusto
- C. agua
- 1 lata de tomates

En una olla grande, cocine la carne, la cebolla y el pimiento verde hasta que la carne comience a dorarse. Agregue frijoles, tomates, papas, sal y agua. Cocine a fuego lento hasta que las papas estén tiernas.

LIBRO DE COCINA DE CAMPING

50 0 Recetas para acampar en su automóvil y
aventuras en el campo

Fernando Lopez

RECETAS DE CAMPING

INTRODUCCIÓN
GUISADO DE SIDRA DE MANZANA
PAQUETES DE POSTRE DE MANZANA
MANZANA CON DUMPLINGS DE PAN DE JENGIBRE
BARRAS DE MOCHILA
GUISADO DE CARNE DE BACKPACKER
ESPAGUETI DE MOCHILA
PATATAS HORNADAS CON TOCINO
ASADO DE BACON Y QUESO
FRIJOLES ASADOS A LA BARBACOA
POLLO A LA BARBACOA CON VERDURAS
COSTILLAS DE RECAMBIO DE CERDO A LA
BARBACOA
JERKY CHILI DE CARNE
GUISADO DE JERKY DE CARNE
TIRAS DE CARNE TERIYAKI
BEERWURSTS
GALLETAS Y SALCHICHA GRAVY
PESCADO EN NEGRO
ENSALADA DE PATATA DE BLEU Y CEBOLLETAS
ASADO DE BLOODY MARY
PASTEL DE GALLETAS DE ARÁNDANOS
PANQUEQUES DE ARÁNDANOS
DESAYUNO BUFFET
BURRITOS DE DESAYUNO
DESAYUNO HASH
DESAYUNO JELLY-ROLL
ENSALADA DE BRÓCOLI

INTRODUCCIÓN

Cuando está acampando, haciendo senderismo y haciendo mochileros, tiene mucho en su plato. Lamentablemente, la comida gourmet no suele ser una de ellas. Puede ser absolutamente imposible empacar suficiente comida y equipo para preparar comidas deliciosas y variadas, ¿verdad? ¡Equivocado! Con los conocimientos técnicos

MANZANA CON JENGIBRE DUMPLINGS

- 2 frascos de puré de manzana
- 1 paquete de mezcla para muffins de cualquier sabor o mezcla para pan de jengibre

Vierta la compota de manzana en una cacerola con tapa. A veces agrego un poco de azúcar y un poco de agua al puré de manzana. Coloque en la parrilla sobre fuego o brasas calientes. Mezcle la mezcla de pan de jengibre y vierta en puré de manzana. Tape y deje cocinar por unos 25 minutos. Bueno con helado, batido frío o leche vertida.

BARRAS DE MOCHILA

- 1 taza de mantequilla
- 4 huevos - ligeramente batidos
- 1 1/2 tazas de azúcar morena
- 2 tazas de almendras enteras
- 1 taza de avena de cocción rápida
- 1 taza de chispas de chocolate
- 1 taza de harina integral
- 1/2 taza de dátiles picados
- 1 taza de harina blanca
- 1/2 taza de orejones picados
- 1/2 taza de germen de trigo
- 1/2 taza de coco rallado
- 4 cucharaditas de piel de naranja rallada

Precaliente el horno a 350. Crema de mantequilla con 1 taza de azúcar morena. Agregue la avena, la harina de trigo, la harina blanca, el germen de trigo y la piel de naranja. Presione la mezcla en el fondo de un molde para hornear de 9 x 13 pulgadas sin engrasar. Combine los huevos, las almendras, las chispas de chocolate, los dátiles, los albaricoques, el coco y la 1/2 taza de azúcar morena restante. Mezcle suavemente, pero a fondo. Vierta sobre la mezcla de mantequilla. Distribuya uniformemente. Hornee de 30 a 35 minutos y deje enfriar antes de cortar en barras.

GUISADO DE CARNE DE BACKPACKER

La receta es siempre la misma: "Solo agrega agua". Dado que los ingredientes secos para este abundante estofado para mochileros pesan solo 4 onzas, puede permitirse llevar una zanahoria fresca para que esté crujiente.

- 4 tazas de agua
- 1 taza de trozos de tomate seco (unas 20 rodajas)
- 1 taza de carne seca en trozos (en trozos de 1/2 pulgada)
- 1 taza de rodajas de papa peladas y secas
- 1 cucharada de pimiento morrón seco
- 1 cucharada de cebolla en trozos secos
- 1/2 cucharadita de albahaca seca
- 1/2 cucharadita de orégano seco
- 1/2 cucharadita de ajo seco
- sal y pimienta para probar
- 1 zanahoria fresca, en rodajas (opcional)
- 1 taza de arroz de grano corto cocido y seco

1

En una cacerola grande, combine 3 tazas de agua y todos los ingredientes excepto la zanahoria y el arroz. Deje reposar durante 30 minutos para rehidratar. Coloque la sartén a fuego medio y deje hervir. Agregue zanahoria, si la usa. Cocine a fuego lento durante 30 minutos a una hora, hasta que la cecina esté tierna. Mientras tanto, combine el arroz con el agua restante y deje hervir. Retirar del fuego, tapar y dejar reposar durante 15 minutos para rehidratar. Vuelva a hervir, cubra parcialmente y cocine a fuego lento hasta que el arroz esté tierno, aproximadamente de 15 a 30 minutos.

1

ESPAGUETI DE MOCHILA

- Pasta de elección
- tomates secados al sol
- Ajo seco
- Paquete de salsa de espagueti seco
- Cebolla seca
- Queso parmesano seco
- Pimiento rojo seco

Hervir la pasta; retire la pasta del agua y guarde
agua . Use la cantidad correcta de agua para pasta para
hacer la salsa para pasta con el paquete de
salsa y agregue el resto de los ingredientes. Cubra
con queso parmesano seco .

165

PATATAS HORNADAS CON TOCINO

5 libras de papas blancas redondas

1 libra de tocino en rodajas finas
papel de aluminio

Friegue las papas en agua, pinche con un
tenedor. Envuelva en una capa de tocino. Envuelva en
papel de aluminio, con el lado brillante hacia el
interior. Acuéstese a lo largo de las brasas de la
fogata, girando a menudo con pinzas largas. Verifique
que estén cocidas pinchando con un tenedor, cuando
el tenedor se deslice fácilmente en las papas,
sáquelas del fuego. Sirva con su elección de
ingredientes y guarde las sobras para recalentarlas
para el desayuno. Las sobras se pueden cortar y
mezclar con huevos revueltos y queso para un
desayuno rápido y delicioso.

ASADO DE BACON Y QUESO

1 paquete de perritos calientes
queso americano

12 onzas. tocino crudo
Palillos de dientes

Divide los perritos calientes sin pasar por todo el camino. Rasgue tiras de queso y métalas en las ranuras. Envuelva cada perrito caliente entero con una rebanada de tocino y fíjelo con palillos de dientes. Ase a fuego abierto hasta que el tocino esté tierno y crujiente y el hot dog esté bien caliente.

TORTILLA BAGGIE

Huevos (1-2 por persona)

Leche
Cualquiera o todos los siguientes ... queso, jamón, tocino, cebollas, pimientos, tomates, champiñones
Pan de pita (opcional)
Bolsa para congelador tipo cremallera

Ponga 1-2 huevos en la bolsa y agregue la cantidad deseada de leche. Agrega los ingredientes adicionales. Selle bien la bolsa. Coloque la bolsa en agua hirviendo y cocine durante 3-5 minutos hasta que esté listo. Para comer como sándwich de desayuno, ponga la combinación de huevo en pan de pita.

MANZANAS RELLENAS AL HORNO

manzanas
Pasas

azúcar morena
nueces
canela

Retire los núcleos de las manzanas para que las manzanas estén intactas con un agujero en forma de tubo justo en el centro. Mantenga las cáscaras de las manzanas puestas. Evite pinchar la piel en la parte inferior. Ponga todos o algunos de los ingredientes restantes en las manzanas sin corazón. Compacte bien y envuelva cada manzana entera en papel de aluminio . ¡Eche a las brasas en la fogata! Espere de 8 a 10 minutos; extiéndalo del fuego con un palo y déjelo enfriar un poco. Verifique si aún está suave. Cuando la manzana esté blanda, estará lista. Comer hasta.

BARCO DE PLATANO

1 plátano
Pasas (opcional)

Mini malvaviscos
azúcar morena
Chips de chocolate

Pelar parcialmente el plátano. Cortar la sección en forma de cuña en banana. Retire la cuña. Coloque en el hueco: malvaviscos, chispas de chocolate y pasas (si lo desea). Espolvorea ligeramente con azúcar morena. Cubra la mezcla con cáscara de plátano y envuélvala en papel de aluminio. Coloque en las brasas durante unos 5 minutos, hasta que se derrita el chocolate y los malvaviscos.

FRIJOLES ASADOS A LA BARBACOA

Salsa BBQ Bullseye (su elección de sabor)

Carne de cerdo y frijoles Campbell
Mostaza amarilla de French
azúcar morena
1-2 cebollas, cortadas en cubitos
pedacitos de tocino

Escurrimos la carne de cerdo y los frijoles y ponemos en una sartén. Agregue salsa BBQ, azúcar morena, cebollas y trocitos de tocino. Exprime una generosa cantidad de mostaza. Las cantidades dependen de usted. Mezclar bien y calentar.

NOTA: Si está haciendo esto para adultos, es posible que desee agregar 1/4 taza de ron oscuro Meyers.

POLLO A LA BARBACOA CON VERDURAS

Papel de aluminio HEAVY DUTY

6 muslos de pollo (o el tipo de pollo que prefieras)
Papas peladas y en cuartos
Rodajas de zanahoria
Cebollas peladas
Pimientos verdes (en rodajas)
Tu salsa BBQ favorita

Arranque un cuadrado grande de papel de aluminio, coloque dos trozos de pollo en papel de aluminio, agregue algunos de cada tipo de verdura encima de esto, ¡bañe en salsa BBQ! Envuelva bien el papel de aluminio y colóquelo en CARBONES de fuego - cocine por aproximadamente 55 minutos - retire con cuidado las brasas, desenvuelva y disfrute !!

179

JAMÓN A LA BARBACOA

1 taza de jugo de piña sin azúcar

1/4 taza más 1 cucharada de azúcar morena bien
compacta
2 cucharadas de jugo de limón
1 cucharadita de sal de cebolla
2 cucharaditas de salsa de soja
2 lonchas de jamón ahumado de 1/2 pulgada de grosor
1 lata de 8 1/4 oz de piña en rodajas, escurrida

Combine los primeros 6 ingredientes en una cacerola
mediana, revolviendo bien; llevar a hervir. Reduzca el
fuego y cocine a fuego lento, sin tapar, 5
minutos; revuelva con frecuencia. Retire la salsa del
fuego y reserve. Quite el exceso de grasa de las lonchas
de jamón. Ase a fuego medio de 20 a 25 minutos o hasta
que esté cocido. Dar la vuelta a las lonchas de jamón y
rociar cada 5 minutos con la salsa reservada. Ase las
rodajas de piña a fuego medio durante 1 minuto por cada
lado. Adorne el jamón con piña y sirva con la salsa
restante.

1

181

PERROS CALIENTES A LA BARBACOA

2/3 c. salsa de bistec
1 cucharada de azúcar morena

1/2 taza conservas de piña
perritos calientes
2 cucharadas de mantequilla

Combine los primeros cuatro ingredientes. Caliente en una cacerola pequeña a fuego lento hasta que el azúcar se disuelva, revolviendo ocasionalmente. Ase las salchichas sobre brasas, rociándolas con salsa. Gire con frecuencia. ¡Esta receta fácil le da a las salchichas simples un sabor dulce y ácido que incluso a los niños les gusta!

COSTILLAS DE RECAMBIO DE CERDO A LA BARBACOA

Se necesita: parrilla de carbón, horno holandés profundo de 12 ", la mayor parte de la tarde y i6-8 personas hambrientas!

Tiempo de preparación: 1/2 hora.

Tiempo de cocción: 4 horas.
Tiempo total: 4-1 / 2 horas

- 3 losas de costillas de cerdo
- aceite vegetal
- 1 pinta de salsa BBQ
- pimienta negra

Prepare la parrilla de carbón para brasas blancas cenizas y la altura máxima de la parrilla para un dorado lento. Mientras las brasas se están quemando, parta Corte las costillas en trozos individuales y frótelas con aceite de cocina. Pimienta generosamente y luego dore por ambos lados. No hierva las costillas. Prepare un horno holandés profundo de 12 "colocando un molde para pastel invertido u otro espaciador en el fondo del horno. Esto evita que las costillas en la parte inferior se peguen y se quemen. Coloque el horno holandés en la parrilla de carbón y agregue las costillas doradas. Cocine lentamente las costillas cubiertas, aproximadamente 2 3 horas o hasta que la carne comience a desprenderse del hueso. Puede forrar el horno con papel de aluminio para facilitar las tareas de limpieza. Agregue briquetas al fuego según sea necesario. Cuando la olla esté medio llena de costillas, agrego salsa bbq solo a las del fondo . Continúe cargando el horno con las costillas doradas. Este paso es opcional y ajustable, ya que algunas personas prefieren agregar salsa después de la cocción. La salsa humeante le da sabor a las costillas inferiores y un poco menos a las costillas superiores. Un derretimiento en la boca Cena en el campamento !

JERKY CHILI DE CARNE

- 4 a 6 onzas de cecina de res
- 1/2 cucharadita de comino (en polvo)
- 3 cucharadas de aceite vegetal
- 1/4 cucharadita de ajo en polvo (no sal de ajo).
- 1 cucharadita de semillas de comino
enteras
- 1 cucharadita de orégano
- 3 a 4 cucharadas de chile en polvo
- agua
- 1 cucharadita de harina de hojuelas de cebolla

Cocine a fuego lento la cecina (cortada en trozos pequeños) y las semillas de comino en aceite moderadamente caliente durante uno o dos minutos, revolviendo constantemente. Agregue el chile en polvo, revolviendo hasta que esté bien mezclado. Agregue cebolla, orégano, comino en polvo, ajo y suficiente agua para cubrir. Revuelva para mezclar.
Cocine a fuego lento de una a dos horas, agregando agua según sea necesario. Deje que el chile se enfríe y vuelva a calentar antes de servir. Agregue un poco de harina mezclada con el líquido caliente de la olla y cocine hasta obtener la consistencia deseada, revolviendo con frecuencia. Para reducir el tiempo de cocción, la cecina se puede rehidratar parcialmente sumergiéndola en una botella de agua mientras camina.

1

GUISADO DE JERKY DE CARNE

1 libra de cecina, ternera o búfalo
1 libra de papas, sin pelar / cortadas en cubitos

1 taza de maíz molido seco entero, remojado durante la
noche en abundante agua
Sal y pimienta para probar
1 g de cebolla amarilla, pelada / picada

Divida la cecina en trozos de 1 pulgada y colóquelos en una
tetera pesada con tapa. Escurre el maíz y agrégalo a la
cecina, junto con la cebolla. Cubrir con agua y dejar
hervir. Cocine a fuego lento, tapado, hasta que el maíz
esté tierno, aproximadamente 2 horas. Tendrá que
vigilar esto de cerca, ya que tendrá que agregar más agua
a medida que avanza. Agregue las papas y cocine por 20
minutos más.
Condimentar con sal y pimienta.

PAQUETES DE GUISADO DE CARNE

3 libras de carne de res, cortada en trozos de 1
pulgada
12 tomates

12 rebanadas de tocino (aproximadamente 3/4
lb.)
6 cebollas

Coloque 1/4 libra de carne de res, 1 rebanada de tocino
(cortado en trozos), rebanadas de cebolla y cuartos de 1
tomate en un paquete de papel de aluminio. Cocine
en brasas de 30 a 40 minutos. Hace 12 paquetes.

TIRAS DE CARNE TERIYAKI

London Broil: cortado en tiras finas como si estuvieras haciendo cecina (tu carnicero hará esto por ti)

1 botella de salsa teriyaki

Marina tus tiras de carne en la salsa teriyaki durante al menos 1 hora o hasta 24 horas en una bolsa Ziploc grande. Cuando esté listo para comer, encienda la parrilla y deje que las tiras se cocinen hasta que estén listas, aproximadamente de 5 a 10 minutos más o menos. Puede usar una canasta para parrilla o ensartar su carne en brochetas de bambú antes de marinarlas. ¡A los niños les encantan, al igual que a los adultos!

BEERWURSTS

- 12 salchichas bratwurst
- 24 onzas de cerveza (yo uso cerveza negra)
- una sartén de aluminio desechable

Precaliente la parrilla y prepárela para asar indirectamente. Coloque la bandeja de aluminio sobre la parte sin calentar de la parrilla. Vierta la cerveza en la sartén. Coloque las salchichas a fuego directo. El fuego debe ser de fuego medio. Cierre la tapa y cocine durante unos 10 minutos. Dale la vuelta a las salchichas con frecuencia. Cuando las salchichas comiencen a dorarse, colóquelas en la sartén con la cerveza. Cuando todas las salchichas estén en la sartén, cierre la tapa y cocine durante unos 20 minutos más. Sirve directamente de la sartén para que las salchichas estén calientes y jugosas.

1

1

ENSALADA DE POLLO

1 (5 onzas) de pollo enlatado
4 onzas de nueces picadas

2 cucharadas de aderezo cremoso para ensaladas
1/2 tallo de apio picado (opcional)
1 cucharadita de condimento de pepinillos dulces
2/3 taza de pasas
1 manzana grande, pelada, sin corazón y picada
sal y pimienta para probar

Escurrir y desmenuzar el pollo o, si está fresco, picarlo o desmenuzarlo en trozos pequeños. En un tazón, combine el pollo, el aderezo cremoso para ensaladas, el condimento dulce, la manzana, las nueces, el apio, las pasas y la sal y la pimienta. Mezclar bien y servir en panecillos o pan de sándwich.

GALLETAS Y SALCHICHA GRAVY

Galletas:

2 tazas de harina
1 sal / 2 cucharadita
2 cucharadas de azúcar
11/2 taza de mantequilla (1 barra)
4 cucharaditas de levadura en polvo
3 cucharadas de suero de leche en polvo
1/2 cucharadita de crémor tártaro
2/3 cp de agua

Puede mezclar los ingredientes secos con anticipación,
agregando material húmedo en el último minuto para
hacer una masa ligeramente pegajosa (triturada en una
bolsa con cierre hermético). Enharine las manos y deje
caer bolitas pequeñas del tamaño de un puñado en una
sartén de hierro. Cubra con una tapa o papel aluminio y
cocine de 10 a 15 minutos sobre brasas calientes.

Salsa de salchichas:

1 rollo de salchicha campestre (yo uso Owens)
1 lata de leche evaporada
1/4 taza de almidón de maíz (o harina)
Pimienta negra
Aceite o grasa
agua (o use otra lata de leche en su lugar para una versión
más rica)

Dorar la salchicha en una sartén grande de hierro y rasparla hacia un lado. Incline un poco la sartén para que la grasa se acumule a un lado. Con un tenedor, agregue el estofado de maíz con suficiente aceite adicional para mantenerlo cremoso. Agregue rápidamente la leche y el agua de lata (suficiente para hacer alrededor de 2 tazas de líquido). Agregue pimienta negra al gusto y vuelva a mezclar con la salchicha. ¡Cuando comas esto, pensarás que estás en el paraíso de los campistas!

PESCADO EN NEGRO

1 1/2 tazas de mantequilla sin sal, derretida

6 filetes de pescado firmes (aproximadamente de 1/2 "a 3/4" de grosor)
3 cucharadas de especias para ennegrecer Cajun

Precaliente la parrilla con una sartén pesada de hierro fundido en la parrilla. Consígalo bien y caliente. Reserve 12 cucharadas de mantequilla derretida para servir y vierta el resto en un plato poco profundo. Sumerja cada filete en mantequilla y espolvoree especias por ambos lados. Coloque en una sartén. Cocine unos 2 minutos o hasta que el fondo esté casi negro pero no quemado. Dale la vuelta. Vierta aproximadamente una cucharadita de mantequilla en el lado cocido y continúe cocinando aproximadamente 2 minutos o hasta que el filete esté terminado. Sirva inmediatamente con 2 cucharadas de mantequilla para mojar. Es mejor cocinar 2 filetes a la vez. Limpia la sartén entre cada lote de filetes y mantén la temperatura caliente.

203

HAMBURGUESAS DE QUESO BLEU

3 libras de carne molida o solomillo

8 onzas de queso azul, desmenuzado
1 cucharadita de pimienta de limón
1 cucharadita de hojuelas de ajo
1 cucharada de salsa para bistec

Mezclar la carne molida con la pimienta de limón, el ajo en hojuelas y la salsa para bistec. Forme 12 hamburguesas. En 6 de las hamburguesas coloque un poco de queso azul (divida el queso uniformemente entre las 6 hamburguesas). Coloca las hamburguesas sin queso, encima de las que tienen queso y sella bien los bordes. Cocine sobre una cama de carbón de leña (también puse astillas de humo de sasafrás sobre las brasas) hasta que esté listo. Sirva en panecillos con mostaza picante, pepinillo encurtido en rodajas y cebolla. Sirve a 6 personas hambrientas.

ENSALADA DE PATATA DE BLEU Y CEBOLLETAS

2 1/2 lb de papas rojas redondas sin pelar en cubos; (8 tazas)
1/3 taza de suero de leche

1/2 taza de cebolla morada picada
1/4 cucharadita de sal
1/2 taza de apio cortado en cubitos
1/2 cucharadita de pimienta molida
1/4 taza de cebollino fresco picado
1 1/2 cucharadita de vinagre de sidra
3/4 taza de crema agria
2 oz de queso azul desmenuzado; (1/2 taza)

Coloque las papas en un horno holandés; cúbralas con agua y déjelas hervir. Cocine durante 8 minutos o hasta que estén tiernos. Escurrir y colocar en un recipiente grande.

cuenco. Agrega la cebolla, el apio y las cebolletas; revuelva suavemente. Combine la crema agria y los siguientes 4 ingredientes; revuelva bien. Agrega el queso. Verter
sobre la mezcla de papas; revuelva suavemente para cubrir. Cubra y enfríe.

ASADO DE BLOODY MARY

1 bolsa de aluminio, tamaño grande
1 taza de mezcla de Bloody Mary o jugo de vegetales
picante

3 a 3 1/2 libras de carne asada deshuesada
1/2 taza de vino tinto o agua
2 tazas de zanahorias baby peladas
1 sobre de mezcla de sopa de cebolla seca
1 cebolla grande, en rodajas
2 cucharadas de harina
1 tallo de apio, cortado en trozos de 1 pulgada
1/4 cucharadita de pimienta negra

Precaliente la parrilla a fuego medio. Bolsa de aluminio
abierta. Coloque el asado en una bolsa de aluminio. Coloque
las zanahorias, la cebolla y el apio alrededor del
asado. Combinar

Mezcla de Bloody Mary, vino, mezcla de sopa de cebolla,
harina y pimienta; vierta sobre las verduras. Para sellar,
doble el extremo abierto de la bolsa de aluminio.
Para cocinar, deslice la bolsa de papel de aluminio sobre la
parrilla. Los bordes de la bolsa de papel de aluminio no
deben colgar por los lados de la parrilla. Ase durante 1
1/2 horas a fuego medio en una parrilla tapada. Use
guantes de cocina para cortar la bolsa de aluminio abierta
con un cuchillo afilado. Doble con cuidado la parte
superior de la bolsa de aluminio para permitir que salga el
vapor.

209

PASTEL DE GALLETAS DE ARÁNDANOS

2 tazas de mezcla para galletas

2/3 taza de leche
4 cucharaditas de azúcar
1 lata (# 2) arándanos

Precaliente el horno holandés durante 15
minutos. Mezcle bien la leche y las galletas con un
tenedor. Extienda la mitad de la masa para que quepa en
el fondo de un engrasado. Molde para hornear redondo
de 7 - 8 ". Espolvoree 2 cucharaditas de azúcar sobre la
masa. Escurra los arándanos, guardando el líquido. Vierta
los arándanos en el horno. Forme la masa restante en
una hoja de 1/2" y cubra las bayas. Espolvoree las 2
cucharaditas restantes. azúcar encima de la masa. Meta
los lados y vierta el líquido de las bayas encima. Coloque
en un horno holandés sobre un espaciador para levantar
la bandeja para hornear del fondo. Hornee de 20 a 30
minutos con 8 a 10 carbones debajo y 12 más o menos en
la parte superior. Para 4 personas.

PANQUEQUES DE ARÁNDANOS

La mezcla seca:

2/3 taza de harina blanca sin blanquear
2 cucharaditas de polvo de hornear
1/3 taza de harina integral
½ cucharadita de sal marina
1 cucharada de azúcar
pizca de nuez moscada recién rallada

En el campamento Agregar:

1 taza de leche de arroz (u otro líquido)
1 huevo
1 cucharada de aceite de oliva
½ taza de arándanos (si se han congelado previamente,
enjuague primero)

Freír sobre la fogata en una plancha engrasada a fuego
medio, volteando una vez cuando la parte superior haya
formado burbujas y la superficie del panqueque haya
pasado de brillante a seca.

DESAYUNO BUFFET

12 huevos
2 cucharadas de pimiento picado (opcional, úselo según su gusto)

4 tazas de papa rallada
2 cucharadas de pimiento picante picado (opcional, úselo según su gusto)
1/8 taza de tomate picado
1 libra de salchicha de cerdo
1/8 taza de cebolla verde picada
1 paquete de mezcla de salsa de salchicha
1/8 taza de pimiento verde picado
1 paquete de Colby rallado
Agua

Cocine la salchicha sobre brasas en una sartén pesada hasta que esté lista. Separe la grasa y la salchicha, reteniendo la salchicha para después. Combine la papa, el tomate, la cebolla verde y el pimiento verde en la sartén usando la grasa de la salchicha para saltear (cocine hasta que estén tiernos). Agrega la salchicha a la sartén. Agregue el paquete de mezcla de salsa de salchicha a la sartén y revuelva hasta que el polvo se disuelva (agregue agua según sea necesario).
Una vez que la mezcla de salsa se haya disuelto, agregue los huevos y revuelva. Se supone que debe parecer una tortilla picada. Cuando el huevo esté casi listo, espolvoree queso rallado, pimiento morrón y pimiento picante por

214

encima. Deje que el queso se derrita. Sirva con algún tipo de pan a un lado (es decir, bagel, tostadas texas, panecillo, etc.)

BURRITOS DE DESAYUNO

Esta es una excelente manera de cocinar algo para comer
para una pequeña multitud que sea rápido, fácil y que se
pueda cocinar totalmente en una sartén. Para hacerlo aún
más simple, mezclo algunos huevos con un poco de leche,
sal y pimienta, y los guardo en un frasco de mayonesa (en
la hielera) para uso futuro. Dorar un poco de
salchicha; escurrir y desmenuzar y volver a la
sartén. Vierta los huevos premezclados, un poco de salsa,
cebolla, pimientos, champiñones y / o cualquier otra cosa
que desee agregar. Revuelva hasta que esté listo. Cubra
con queso. ¡Coloque cucharadas en una tortilla de harina,
enrolle y disfrute!

DESAYUNO HASH

¡Esta es una receta tradicional para acampar y siempre es un gran éxito! Esto se puede hacer sobre el fuego con un lecho de carbón medio caliente o en una estufa de campamento.

3-4 papas medianas, cortadas en cubitos pequeños

1 paquete de enlaces ahumados, cortados en trozos pequeños
1 cebolla mediana, picada (opcional)
1 taza de champiñones en rodajas (opcional)
1 taza de pimiento rojo, verde, amarillo cortado en cubitos (opcional)
8 huevos revueltos
1 1/2 - 2 tazas de queso cheddar rallado

Cocine las papas durante unos 10-15 minutos, agregue los enlaces ahumados y cualquiera de los ingredientes opcionales que elija y cocine hasta que las papas estén bien cocidas. Vierta los huevos revueltos y cocine hasta que los huevos estén cocidos. Cubra con queso rallado y deje que se derrita (o mezcle). ¡Disfrutar!

DESAYUNO JELLY-ROLL

Galletas de lata pequeña

Gelatina de fresa en botella plástica 'exprimible'
Mantequilla derretida
Mezcla de canela / azúcar

Doblar 1 galleta alrededor de un palito tipo 'weenie'
asado ', untar con mantequilla derretida. Tostar hasta
que esté hinchado y dorado sobre una fogata. Deje
enfriar un poco, luego enrolle en la mezcla de canela y
azúcar. Retire con cuidado del palo, exprima una pequeña
cantidad de gelatina en el centro. ¡Delicioso! ¡Disfrutar!

221

ENSALADA DE BRÓCOLI

- 2 manojos de brócoli fresco
- 1 c. Látigo milagroso
- 1 libra de tocino, cocido crujiente y desmenuzado
- 2 cucharadas de vinagre de sidra
- 2 c. queso cheddar rallado
- 1/2 taza azúcar
- 1 med. cebolla morada, cortada en rodajas finas

Corta el brócoli en trozos pequeños. Coloque en una olla grande llena de agua hirviendo. Cocine por un minuto, solo para convertir el brócoli en un verde brillante. Escurre el agua hirviendo y deja correr agua fría sobre el brócoli hasta que se enfríe. Escurrir bien. En un tazón, mezcle el brócoli, el tocino, el queso y la cebolla. En otro tazón, mezcle Miracle Whip, vinagre y azúcar. Combine con la mezcla de brócoli y enfríe.

1

223

HAMBURGUESAS EN ALUMINIO

- 1 a 1 1/2 libra de carne molida
- 2 sm Pimientos morrones verdes; Cortado
- 4 cuadrados de papel de aluminio de 16 pulgadas
- Copos de cebolla deshidratados
- 4 zanahorias; rebanado
- Salsa inglesa
- 1 lata de papas; 16 oz, en rodajas
- Sal y pimienta al gusto

Separe la carne en 4 porciones. Coloque cada uno en el centro de un cuadrado de papel de aluminio. Cubra con porciones iguales de zanahorias, papas y pimientos picados . Condimente con cebollas deshidratadas, salsa Worcestershire, sal y pimienta al gusto. Selle la lámina, verificando que no haya fugas. Coloque sobre brasas de 10 a 15 minutos por lado. Rinde 4 porciones.

PAN DE CAMPAMENTO

- 1 libra de mezcla de pan, cualquier variedad
- Bake Packer (rejilla de aluminio para el fondo de la olla)
- Bolsa de horno de 1 galón
- Agua
- Maceta

Coloque la mezcla de pan en la bolsa; agregue agua según las instrucciones (y levadura según sea necesario) y mezcle amasando la bolsa. Coloque la bolsa en la olla; cúbralo y déjelo al sol durante una o dos horas. Después de que el pan haya subido (¡en condiciones de frío no subirá mucho!), Retire suavemente la bolsa. Coloque el empacador para hornear en el fondo de la olla y agregue suficiente agua a la olla para cubrir la rejilla. Vuelva a colocar la bolsa de pan en la olla y tápela. Ponga la olla a fuego directo y cocine. En Sierra Stove hemos aprendido a cocinar el pan durante unos 25 minutos, sobre una cocina de gas se puede reducir a 20. Cuando haya transcurrido el tiempo, NO QUITAR LA TAPA. Esto es difícil, ya que el olor a pan fresco lo tentará a echar un vistazo, pero no lo hagas. Deje reposar durante unos 20 minutos más. Quite la tapa; retire la bolsa de plástico de la olla; corte la bolsa y pele el pan. Corta el pan en la tapa de la olla, es una excelente adición al guiso de pescado o casi cualquier comida. Use el agua caliente para limpiar.

CAMPAMENTO BURRITOS

- 1 libra de solomillo molido
- 1 taza de queso cheddar rallado
- 1 lata de 4 oz de salsa
- 10 tortillas de harina grandes del tamaño de un burrito, o más si son más pequeñas
- 1 cucharadita de comino molido
- 1/4 cucharadita de pimienta negra y sal
- 1 paquete de 10 oz de espinacas congeladas

En una sartén grande, dore el solomillo molido. Agrega el comino molido, la sal, la pimienta y la salsa. La espinaca debe descongelarse, solo drene el líquido lo mejor que pueda. Lo saco del empaque de la tienda y lo pongo en una bolsa con cierre hermético cuando salimos de casa, luego abro la bolsa y aprieto. Agrega las espinacas y calienta bien. Mientras tanto, caliente las tortillas en una plancha o sartén plana. Rellene las tortillas con la mezcla de carne, cubra con queso rallado y enrolle. ¡Disfrutar!

229

PAN DE MAÍZ CAMP

- 1 taza de harina de maíz
- 1 taza de harina
- 2 cucharaditas Levadura en polvo
- 3/4 cucharadita sal
- 1 taza de leche
- 1/4 taza de aceite vegetal

Mezcle los ingredientes secos. Incorpora los líquidos. Vierta en una sartén de hierro fundido de 10 o 12 pulgadas bien engrasada y calentada. Cubra bien. Hornee sobre un

a fuego lento durante 20 a 30 minutos, o hasta que esté firme en el centro. Cuando hornee sobre brasas, coloque la sartén en una parrilla baja, a tres

soporte de roca en las brasas o directamente sobre las brasas. Coloque las brasas sobre la tapa (como un horno holandés) para distribuir el calor de manera más uniforme.

Es más probable que los alimentos horneados se quemen en la parte inferior que en la parte superior. Para evitar que se quemen, verifique la temperatura de sus brasas antes de colocar una sartén sobre ellas. Mantenga su mano a unas seis pulgadas por encima de las brasas; debe estar caliente, pero debe poder mantener la mano en su lugar durante ocho segundos.

DONUTS DE CAMPAMENTO

- Aceite de cocina
- Cualquier tipo de galleta en tubo de la sección de lácteos
- Mezcla de canela y azúcar

En una estufa tipo coleman, caliente el aceite lo suficiente para freír las galletas. Haz un agujero en las galletas con el pulgar justo en el medio. Cuando el aceite esté listo, coloca las rosquillas en el aceite. Gire cuando esté listo. Retirar del aceite cuando estén dorados. Enrolle inmediatamente la mezcla de canela y azúcar. ¡Esperamos con ansias este placer de campamento cada vez que vamos!

233

CAMP HASH

- 4 tazas de papas Hash Brown, desmenuzadas y secas (comprar en Costco)
- 2 paquetes de mezcla de sopa de cebolla
- 1 1/2 lb de carne molida o salchicha
- Condimentos variados, al gusto
- 1 olla lg con tapa
- 1 cuchara lg
- 6 c Agua

Dorar la carne en el fondo de la sartén. Divida la carne mientras se cocina, asegurándose de que toda la carne rosada (cruda) esté cocida. Agregue el agua y la mezcla de sopa revolviendo para mezclar. Caliente a ebullición y cocine a fuego lento unos minutos. Agregue las papas secas y revuelva para mezclar. Cubra la olla y muévala al borde del fuego durante unos 10 minutos para permitir que las papas se hinchen con el agua. Vuelva a poner la olla al fuego y revuelva mientras cocina las papas. cocine unos 5-10 minutos. Servir caliente. Se pueden agregar condimentos con las papas al gusto del cocinero. Los pimientos picantes, el chile en polvo, la albahaca y los condimentos italianos son buenos. La carne puede ser hamburguesa, salchicha, salchicha italiana, etc. Las diferentes carnes proporcionan un sabor diferente. Este hachís puede ser una cena o un desayuno. Tenga en cuenta que un paquete de papas secas Golden Grill Hash Brown proporciona tres recetas de Camp Hash.

ARROZ INDONESIO CAMP

- 1 taza de arroz instantáneo
- 3 cucharadas de mezcla de sopa instantánea de frijoles (frijoles negros picantes o curry de lentejas)
- 3 cucharadas de grosellas secas
- 1/4 taza de semillas de girasol sin sal
- 3 cucharadas de mezcla de frutos secos
- 2 cucharadas de manzanas deshidratadas, picadas
- 1/2 cucharadita de comino molido
- 1/2 cucharadita de cúrcuma en polvo
- sal y pimienta para probar
- Pizca de canela
- pizca de cilantro molido
- pizca de pimienta de cayena y / o chiles secos triturados
- 1/4 taza de yogur natural o tofu de postre (opcional)
- 1 cucharadita de cilantro fresco, picado o 1 cucharadita seco (opcional)
- 1 1/4 tazas de agua

En casa: combine todos los ingredientes excepto los últimos tres en una bolsa con cierre hermético. Lleve el yogur y el cilantro por separado.

En el campamento: Hierva 1 1/4 tazas de agua. Agregue los ingredientes secos y cocine a fuego lento durante cinco minutos, revolviendo ocasionalmente. Si el arroz se ve demasiado seco, agregue más agua en pequeñas cantidades. Cubra con yogur o tofu de postre y cilantro, si lo desea. Sirve 1.

CAMPAMENTO JAMBALAYA

Puede cocinar esto en un horno holandés de buen tamaño o en una olla grande, ya sea en una parrilla plegable resistente colocada sobre las brasas, un trípode o en una estufa de campamento, pero es mejor si se cocina sobre las brasas de la fogata.

- 1 pollo freidora grande cortado en trozos
- 5 tazas de agua
- 1 libra de salchicha ahumada buena
- 1/2 cucharadita de pimiento rojo de cayena en polvo
- 1 barra de mantequilla u Oleo
- 1/2 cucharadita de pimienta negra
- 2 cebollas grandes picadas
- Buen batido de hojuelas de chile rojo seco
- 4 dientes de ajo picados
- 1/4 cucharadita de pimienta de Jamaica
- pimiento morrón grande picado
- 2 cucharaditas de sal
- 2 tazas de arroz blanco crudo
- buen batido salsa tabasco

Derrita la mantequilla en un horno holandés; arroje los trozos de pollo y fríalos hasta que se doren; retírelos. Agregue el pimiento morrón, la cebolla, el ajo y saltee hasta que la cebolla esté clara. Vuelva a tirar el pollo - agregue todo lo demás y deje hervir a fuego lento - cocine sin tapar hasta que el agua se cocine por debajo del contenido de la olla, ponga la tapa y cocine a fuego

lento durante unos 30 minutos - no levante la tapa
durante los últimos 30 minutos - Sirva.

CAMPAMENTO CARNE

- 1 1/2 libra de carne molida
- 3/4 taza de avena rápida
- 1 huevo
- 1/4 cucharadita de mostaza seca
- 1/4 taza de pimiento morrón
- 1 paquete de mezcla de sopa de cebolla
- 3/4 cucharadita de sal
- 1/8 cucharadita de mejorana

1

Mezclar todos los ingredientes y poner en una cacerola. Coloque en horno holandés. Hornea 1 hora, tapado.

242

CAMP NACHO DIP

- 1 libra de carne molida
- 1 libra de salchicha de cerdo caliente a granel
- 2 libras de queso Velveeta, en cubos
- 10 1/2 oz de crema de champiñones
- 10 1/2 oz de tomates cortados en cubitos y chiles verdes, cortados en cubitos
- 2 cucharaditas de ajo en polvo
- 1 cucharadita de pimienta negra

Dorar la carne y la salchicha en un horno holandés; drenar. Agregue los ingredientes restantes y caliente hasta que la velveeta se derrita. Mezclar bien.

Continúe calentando hasta que la mezcla esté muy tibia. Sirve con totopos . Rinde 8 tazas de salsa

ANILLOS DE CEBOLLA CAMP

- 1 cebolla Vidalia grande

- 1 paquete de masa para panqueques y agua
- Palito Crisco Sabor Mantequilla

Pele y luego corte la cebolla en rodajas del tamaño de anillo deseado. Mezcle Batter con agua, más diluida que la que usaría para panqueques. Caliente Crisco sobre la estufa de campamento. Cubra los anillos con masa. Freír hasta que se doren. Escurrir sobre toallas de papel.

PASTA DE CAMPAMENTO

- 1 libra de pasta, de cualquier tipo
- 1 paquete de mezcla de salsa para espagueti
- 1 lata de pasta de tomate
- 1 libra de hamburguesa magra, pavo molido o salchicha italiana
- 2 macetas
- 2 cucharas para revolver
- 1 tapa
- agarraderas o guantes

Caliente el agua hasta que hierva en una olla grande. En una olla más pequeña, cocine la carne y agregue la mezcla de salsa, el agua y la pasta de tomate de acuerdo con las instrucciones del paquete de la salsa. Cuece la pasta en el agua durante 8-10 minutos. Coloque la tapa en la olla y con guantes o agarraderas drene el agua de la pasta a través de la grieta entre la tapa y la olla. Es útil poner la maceta sobre un tronco o tronco y dejar que el tronco o tronco sostenga el peso de la maceta. Mezclar la salsa con la pasta escurrida y servir. Se puede usar queso rallado con la pasta.

1

CAMP PIZZA

- 3/4 libra de carne molida (80% magra)
- 1 cebolla mediana; Cortado
- Rollos de media luna refrigerados de 8 oz
- 8 oz de salsa para pizza
- 4 onzas de tallos y trozos de champiñones; agotado
- 2 1/4 oz de aceitunas maduras picadas en rodajas; agotado
- 1/3 taza de pimiento verde; picado grueso
- 1 taza de queso mozzarella; triturado
- 1 cucharadita de hojas de orégano secas

1

Dore la carne molida y la cebolla en una sartén bien sazonada de hierro fundido de 11 a 12 pulgadas sobre brasas medianas. Retirar a toallas de papel para escurrir. Vierta la grasa de la sartén. Separe la masa de media luna en triángulos; colóquelo en la sartén, apunta hacia el centro, para formar un círculo. Presione los bordes para formar una costra inferior de aproximadamente 1 pulgada hacia arriba del costado del molde. Unte la mitad de la salsa para pizza sobre la base. Vierta la mezcla de carne molida sobre la salsa. Cubrir con champiñones, aceitunas y pimiento verde. Vierta la salsa restante sobre todo; espolvorear con queso y orégano. Coloque el molde en el centro de la rejilla sobre brasas medianas. Coloque la tapa sobre la olla; cocine de 20 a 30 minutos o hasta que la base esté ligeramente dorada. (Si se cocina sobre una parrilla abierta o brasas, cubra la sartén de manera segura con papel de aluminio).

PATATAS DE CAMPAMENTO

- 4 papas, en rodajas

- 4 cebollas en rodajas
- 4 cucharadas de mantequilla o margarina
- 10 oz de queso cheddar, picante
- Sal y pimienta al gusto

Engrase un cuadrado grande de papel de aluminio grueso. Coloque las papas en rodajas sobre papel de aluminio, espolvoree con sal y pimienta y cúbralas con cebollas en rodajas. Agrega trozos de mantequilla o margarina. Envuelva y selle el papel de aluminio. Cocine sobre brasas en una parrilla hasta que esté cocido (30 o 40 minutos según el fuego). Abra el papel de aluminio y agregue tiras de queso cheddar en rodajas finas. Tape nuevamente y cocine a la parrilla por un par de minutos, hasta que el queso cheddar se derrita.

253

ASADO DE BOTE DE CAMPAMENTO

Usa una fuente para asar o una olla grande con tapa (o cúbrela con papel de aluminio). Se puede cocinar en fogatas, parrilla o estufa de campamento. Alimenta 6-8.

- 4-6 costillas de cerdo o ternera (mejor) o 2 libras de carne asada, de cualquier tipo
- 4 cebollas medianas, peladas y cortadas en tercios de lado (aros)
- 6-7 papas medianas (al menos 1 por persona), peladas y cortadas por la mitad
- 1 bolsa grande de zanahorias pequeñas (aproximadamente 1-2 libras) 1/2 taza de trozos de apio
- sal y pimienta
- salsa barbacoa (opcional)

Coloque las costillas, las papas, las cebollas, las zanahorias y el apio en una olla grande o en un asador. Cubra todo con agua. Sal (aproximadamente 1 1/2 cucharaditas) y pimienta (cubra la parte superior del agua de media a ligera). Pon la olla al fuego y deja cocinar lentamente durante un par de horas mientras pescas, nadas o disfrutas del aire libre. La cena estará lista cuando regrese. Para condimentar, retire la carne de las verduras y colóquelas en una sartén con salsa barbacoa (la carne se caerá de los huesos); agregue la salsa al fuego durante unos 5-10 minutos (la salsa de barbacoa con miel es la mejor). Atender.

CAMPAMENTO QUESADILLAS

- lata de frijoles refritos o frijoles negros (escurridos) cilantro picado
- cebollas picadas - tomates picados verdes o amarillos pimientos picados
- Queso rallado
- aceitunas negras en rodajas / picadas
- chiles verdes
- tortillas de harina grandes
- salsa, crema agria y jalapeños (para decorar)

1

.

Coloque una tortilla en una superficie plana y extienda los frijoles en la mitad de la tortilla (solo llene la mitad de la tortilla) y coloque una capa fina de los ingredientes que desee. Luego dobla la parte superior (para que tenga forma de semicírculo) y coloca la rejilla de la parrilla. Por lo general, usamos un trípode aproximadamente a un pie de distancia del fuego. Solo sigue mirándolos y gira cuando los fondos se pongan marrones. Guarnición con salsa, crema agria y jalapeños. ¡Esta es una comida súper fácil de hacer y siempre es un gran éxito!

PUDIN DE ARROZ CAMP

- 1 taza de arroz instantáneo
- 1/4 cucharadita de sal
- 1 cucharadita de canela
- 2 cucharadas de azúcar
- 1/4 taza de frutos secos

Hierva 1 taza de
agua y agregue los
ingredientes. Cubr
a y espere 5
minutos.

SOPA DE CAMPAMENTO

Nota: use una cantidad menor de carne (1 libra) para 2 a 4 personas o una cantidad mayor de carne (2 libras) para 6 a 8 personas ... ¡o ajuste la cantidad justa alrededor de su fogata!

- Dorar y escurrir bien de 1 a 2 libras de hamburguesa magra.

- Sal y pimienta al gusto mientras cocinas.
- Pelar, lavar y cortar en cubos de 5 a 10 patatas.
- Pelar, lavar y picar una cebolla pequeña.
- Pelar (si lo desea), lavar y cortar en rodajas de 4 a 8 zanahorias.
- Recorta, lava y corta en rodajas de 3 a 6 tallos de apio.

Agregue todo lo anterior en una olla grande con lo siguiente:

- Una lata de judías verdes cortadas

- Una lata de maíz (opcional)
- Una lata de maíz en grano entero
- Una lata de tomates Ro-Tel
- Una lata de guisantes (opcional)

Coloca todos los ingredientes en una olla grande y cúbrelos con agua. Llevar a ebullición, reducir el fuego y dejar hervir a fuego lento hasta que las patatas y

las zanahorias son suaves. Sal y pimienta para probar.

FRIJOLES COCIDOS EN CAMPFIRE

- 1 lg. lata de cerdo y frijoles

- 1 lg. cebolla
- 1/2 libra de tocino rebanado
- 1/2 cucharadita de ajo en polvo
- 1/2 cucharadita de pimienta negra
- 1 taza de azúcar morena
- 1/4 taza de salsa de tomate
- 4 cucharadas mostaza

Tome todos los ingredientes y mezcle en un horno holandés y hornee a 250 F durante 3 a 4 horas, revolviendo ocasionalmente. También puede hacer esto en su fogata en una olla pesada. ¡Solo colócalos lo suficientemente cerca del fuego para que sigan hirviendo y asegúrate de seguir girando la sartén! Recuerda que solo un lado de la sartén se calentará, por eso es importante hacer esto y revolver los frijoles de vez en cuando. ¡¡¡Disfrutar!!!

1

CEBOLLAS EN FLOR DE CAMPFIRE

- 4 cebollas Vidalia grandes

- 1/4 taza de mantequilla
- 4 dientes de ajo
- sal y pimienta para probar

Pele las cebollas y córtelas en cuartos solo una PARTE del camino hacia abajo, manteniendo las cebollas juntas. Coloque 1 cucharada de mantequilla y 1 diente de ajo en el medio de cada cebolla. Envuelva dos veces cada cebolla en papel de aluminio y colóquela sobre las brasas. Cocine de 30 a 40 minutos. Retirar con cuidado de las brasas y desenvolver. Sazone con sal y pimienta, luego cómelo. Para 4 personas. Puede servir con salsa ranch o salsa picante, si lo desea.

CALZONES DE CAMPFIRE

- 2 cucharadas de margarina o mantequilla, ablandada

- 8 rebanadas de pan de molde blanco
- 1/2 taza de salsa para pizza
- 2 tazas de queso Monterey Jack rallado (8 oz.)
- 12 rodajas finas de salami o pepperoini (2 oz.)
- Salsa de pizza, si lo desea

Caliente carbón o parrilla de gas. Unte la margarina en 1 lado de 2 rebanadas de pan. Coloque 1 rebanada, con la margarina hacia afuera, en la prensa para sándwiches (plancha para pasteles). Vierta 2 cucharadas de salsa para pizza en el centro del pan. Espolvorea con 1/2 taza de queso; cubra con 3 rebanadas de salami. Cubra con otra rebanada de pan, con la margarina hacia afuera. Cerrar presione; recorte el exceso de pan si es necesario. Ase sobre una fogata o en la parrilla de 4 a 6 pulgadas a fuego medio de 8 a 10 minutos, volteando una vez, hasta que el pan esté dorado y el queso se derrita. Repita con los ingredientes restantes. Sirva caliente con salsa para pizza. Rendimiento: 4 porciones.

MANZANAS DE CARAMELO CAMPFIRE

- 1 manzana grande (pelada y sin corazón)

- 1/2 cucharadita de mantequilla
- 1 cuadrado de caramelo cortado en cuartos
- 1/2 cucharadita de azúcar
- Canela al gusto

Coloque la manzana sobre papel de aluminio resistente (dos veces más grande que la manzana). Mezcle la mantequilla, el azúcar y la canela. Cosas de caramelo en el centro de la manzana. Frote la mezcla de mantequilla sobre la superficie de la manzana. Selle la manzana en el papel de aluminio y coloque las brasas durante 15 a 20 minutos.

POLLO DE CAMPFIRE

- Pechuga de pollo partida

- Papas rojas (cortadas por la mitad)
- Zanahorias (cortadas por la mitad)
- Cebolla (cortada por la mitad)
- Tomate ciruela (cortado por la mitad)

Coloque los ingredientes anteriores en hojas de papel de aluminio, haga en el bolsillo. Puede agregar algunos condimentos (yo uso una mezcla de aderezo balsámico). Hornee en el horno o sobre una fogata. También puede agregar un pequeño trozo de maíz en la mazorca. Esto es genial, es un completo comida, pero no ollas ni platos para lavar. Genial para acampar.

1

1

CHILE DE CAMPFIRE

- 1 libra de hamburguesa: uso la más magra que

- puedo encontrar, pero la que prefieras es la mejor.

- 1 cebolla grande - Vidalia es agradable pero demasiado suave. Prefiero una cebolla picante amarilla o blanca. Corta, pica, dados o como prefieras.

- 1 tomate MADURO grande, cortado en trozos de 2 o 3 pulgadas.
- 1 lata de 16 oz de frijoles negros
- 1 lata de 16 oz de frijoles rojos
- 1 pimiento rojo: puede usar cualquier color que desee, pero el rojo agrega una dulzura que complementa las cosas picantes.
- 3 batidos de pimiento rojo triturado
- 3 salpicaduras de salsa jalapeño
- ajo al gusto - Por lo general uso un polvo cuando acampa, pero fresco picado finamente es excelente.

Calentar el horno holandés en una rejilla sobre un fuego caliente (más carbones que llamas). Vierta lo suficiente de su aceite favorito para cubrir el fondo de la olla. Sofría las cebollas, el tomate y el pimiento, revolviendo según sea necesario hasta que comiencen a ablandarse. Agrega la hamburguesa y mezcla bien; tapa y deja que la hamburguesa se dore. Agregue las dos latas de frijoles, la salsa jalapeño, el ajo y el pimiento rojo

273

triturado; mezclar bien y tapar de nuevo. Agitar con frecuencia le permite controlar la textura. Si el fuego está demasiado caliente, el chile puede espesarse demasiado. Agregue un poco de agua si es necesario, pero tenga cuidado de no hacerlo demasiado aguado.

MANZANAS DE CANELA DE CAMPFIRE

- Manzanas (verdes o rojas, ¡como prefieras!)

- Caramelos de canela (Red Hots)
- Papel de aluminio

Con un cuchillo afilado o un descorazonador de manzanas, quite el corazón de cada manzana con cuidado de no atravesarla completamente (necesitará un área abierta en la manzana para sostener los dulces sin que se caigan). Rellena cada manzana con caramelos de canela y envuélvela en papel de aluminio. Colocar sobre brasas y calentar hasta que los caramelos se derritan y las manzanas estén bastante blandas. Encienda las brasas con frecuencia para garantizar un calentamiento uniforme. Si le gustan más caramelos en el centro, quite el corazón de una porción más grande de la manzana y disfrute de la parte cortada mientras espera a que se cocine.Estos están muy calientes y deben abrirse en la parte superior y dejar reposar durante unos 10 minutos después de retirarlos de las brasas. antes de intentar comerlos.

CAFÉ DE CANELA CAMPFIRE

- tb Mantequilla o margarina
- 1 taza de mezcla de galletas empaquetadas (Bisquick, etc.)
- 1/3 taza de leche evaporada, sin diluir
- 1 cucharada de azúcar con canela preparada

Prepare Coffeecake: corte la mantequilla en trozos pequeños sobre la mezcla de galletas en un tazón mediano. Mezcle ligeramente con un tenedor hasta que la mantequilla esté cubierta. Haz un pozo en el centro. Vierta la leche y la canela y el azúcar, revolviendo con un tenedor hasta que la mezcla se humedezca. Convierta la masa en una sartén pesada y brillante de 8 pulgadas, ligeramente engrasada y enharinada. Con las manos enharinadas, dé palmaditas uniformemente en la sartén. Cocine, tapado, a fuego muy lento, de 12 a 15 minutos, o hasta que un probador de pasteles o un palillo de madera insertado en el centro salga limpio.

Para cubrir: Unte el pastel de café con 2 cucharadas de mantequilla o margarina. Luego espolvoree 1 cucharadita de azúcar con canela preparada por encima. Cortar en cuartos y servir tibio.

Zapatero CAMPFIRE

- 1 lata de duraznos en rodajas, grandes
- 1/4 libra de margarina
- 1 lata de coctel de frutas, grande
- 1 taza de azúcar moreno
- 1 lata de piña triturada, pequeña
- 1 paquete de mezcla para pastel
- 1/2 taza de tapioca instantánea

En un horno holandés forrado con papel de aluminio de 12 pulgadas, combine la fruta y la tapioca. Espolvoree la mezcla para pastel uniformemente sobre la parte superior de la fruta. Espolvoree azúcar morena sobre la mezcla para pastel. Frote la mantequilla por encima del azúcar morena. Coloque la tapa en el horno. Hornee de 45 minutos a 1 hora. Use de 6 a 8 carbones en la parte inferior y de 14 a 16 en la parte superior. La torta está lista cuando la parte superior está dorada y la torta ha absorbido los jugos y ya no está seca.

Lightning Source UK Ltd.
Milton Keynes UK
UKHW020652300421
382894UK00005B/22